Otto von Frisch

Am Rande des Reviers

Fast alltägliche Jagdgeschichten

CIP-Titelaufnahme der Deutschen Bibliothek

Frisch, Otto von:
Am Rande des Reviers: fast alltägliche Jagdgeschichten / Otto von Frisch. —
München; Wien; Zürich: BLV, 1990
   ISBN 3-405-14058-7

Zeichnungen: Sabine Minge

BLV Verlagsgesellschaft mbH
München Wien Zürich
8000 München 40

Das Werk einschließlich aller seiner Teile ist urheberrechtlich geschützt. Jede Verwertung außerhalb der engen Grenzen des Urheberrechtsgesetzes ist ohne Zustimmung des Verlags unzulässig und strafbar. Das gilt insbesondere für Vervielfältigungen, Übersetzungen, Mikroverfilmungen und die Einspeicherung und Verarbeitung in elektronischen Systemen.

© 1990 BLV Verlagsgesellschaft mbH, München

Umschlaggestaltung: Hubert Patscheider Design, Augsburg
Umschlagfoto: H. J. Markmann, Braunschweig

Satz: Fotosatz Wirth, Ober-Ramstadt
Druck und Bindung: May + Co., Darmstadt

Printed in Germany · ISBN 3-405-14058-7

Inhalt

Vorwort 7

Der Zehnfache 9

Wenn der Vater mit dem Sohn 19

Zwei Harzhirsche 29

Der Halsbandbock 39

Der Wastlfuchs 49

Der Reinhardhecht 57

Ende eines Zaubers 65

Ein anhängliches Schwein 73

Mäusejagd 81

Der Gewitterbock 89

Die Boandl Marie 99

Kitzfangen 107

Hamstervolk 119

Der alte Schleicher 129

Taubenbrüstchen 141

Schlußpunkt 151

Vorwort

Mein Vater war Biologe, mein Patenonkel ein leidenschaftlicher Jäger. Das Elternhaus lag direkt über dem Münchner Zoologischen Garten, und die ersten durchdringenden Geräusche, die bis in mein Kinderbett drangen, waren das Brüllen der Raubkatzen und das langgezogene Heulen der Gibbons. Was Wunder, wenn mich von Anfang an und soweit ich überhaupt zurückdenken kann, nur Tiere interessiert haben, erst die im Zoo, bald aber die draußen in Wald und Feld weit mehr. Und später kam dann die Jagd dazu. Es ist mir eigentlich nichts anderes über geblieben, als selbst die biologische Laufbahn einzuschlagen und mir irgendwann die Flinte über die Schulter zu hängen. Der kräftige Dünger meiner Kinderzeiten verfehlte seine Wirkung nicht.

Wer mir dann auch noch die Schreiberei vermacht hat, das weiß ich allerdings nicht. Sie könnte immerhin ja auch – um beim Bild zu bleiben – auf dem eigenen Mist gewachsen sein. Jedenfalls erlebt man durch die Jahre einiges, da draußen, mit den Tieren sowohl als auch mit den Menschen, und es sind nicht immer die Schlechtesten, denen man auf abseits gelegenen Wegen begegnet. Beim Älterwerden tauchen dann die Erlebnisse, die Menschen und die Tiere auf einmal wieder auf, schleichen sich urplötzlich aus dem Verborgenen, wo sie sich über die Jahre versteckt hielten, wieder ins Hirn. So passierte mir das im Sommer vor zwei Jahren auf stillen Wanderungen in den österreichischen Alpen. Keine überwältigenden, spektakulären Erlebnisse, bewahre, kleine Begebenheiten am Rande eher schon. Aber es sind ja gerade diese kleinen und vielleicht fast alltäglichen Geschichten, die dem Leben die Würze geben, Pfeffer und Salz auf das tägliche Brot streuen. Der Wildschweinbraten schmeckt auch so, aber den gibt es dafür auch nur selten.

Und so habe ich mir damals, als ich wieder unten im Tal war und mir den Durst mit einem schönen Bier wegtrank, gedacht, schreib sie doch

einmal auf, diese Geschichten, von denen auch einige in einer Zeit spielten, die vergangen ist und nicht mehr wiederkommt. Es geht ja rasend schnell bergab mit vielen unserer Tiere und Pflanzen und mit der Landschaft, die sie zum Überleben bräuchten.
Ich habe sie gerade noch in vollen Zügen miterleben können in meiner Schulzeit und als junger Student und zusammen mit dieser Zeit auch die einen oder anderen urigen Typen. Sie sterben halt auch aus bei uns. So ist mir einer, wie der Wastl, der gerissene Schlawiner, nie mehr begegnet, und auch nach einem so feinen Kerl, wie dem Oberförster Klein, wird man lange suchen müssen. Aber beide haben es eigentlich verdient, daß man sich ihrer erinnert.
Geht es um Jagd und Jagen, warum dann nicht auch einmal hier von den kleinen, fast nebensächlichen Dingen berichten und die dicken Brocken oder die starken Trophäen vergessen? Der Halsbandbock hat mir gewaltiges Herzklopfen bereitet, der alte Schleicher nicht minder, und manch anderes hatte sogar seine lustigen Seiten. Jedenfalls freue ich mich heute schon über das Gesicht von Reinhard, wenn er »seine« Geschichte liest. Sechzehn Geschichten sind es geworden, sechzehn Geschichten von draußen, wie ich sie erst einmal so für mich genannt habe. Und dem Verlag will ich gerne danken, daß er sie ordentlich verpackt hat für die Leser. Ein Dank auch an Sabine Minge, die, wie ich doch meine, mit schwungvollen Illustrationen meine Erlebnisse auf das Papier gebracht hat. Das ist ja gar nicht so einfach, wenn man nicht selbst dabei war.

Braunschweig *Otto von Frisch*

Der Zehnfache

Auf meiner Rehbüchse 6,5 x 57 ist seit eh und je ein vierfaches Zielfernrohr montiert. Meine Devise, auch seit eh und je, wenn ich damit klarkomme und gut abkomme, ist das Reh nicht zu weit weg für den Schuß und hell genug ist es auch noch.
Damit bin ich eigentlich in den vergangenen dreißig Jahren ganz gut ausgekommen, zumal mir Weitschüsse sowieso nicht liegen und ich auch nicht gerne den Finger krumm mache, wenn's schon fast stockduster ist. Da sieht man dann nicht so genau, was nach dem Schuß passiert und, falls eine Nachsuche nötig sein sollte, kann man die bis zum anderen Morgen vergessen.
So habe ich mir ein besseres, stärkeres und bis zu einer zehnfachen Vergrößerung verstellbares Zielfernrohr bisher vergeizt.
Aber einer meiner Freunde hat so ein feines Rohr. Da habe ich einmal durchgeschaut, irgend etwas wie „na toll" gebrummt und es ihm dann wieder in die Hand gedrückt.
Da kam der Tag, an dem ich es gebrauchen mußte.
Ich war unterwegs in den Sommerurlaub und da die Autobahn verstopft war, ein Ausscheren nicht lohnte, beschloß ich kurzerhand bei meinem Freund eine Zwischenstation einzulegen.
Der freute sich sogar über den unerwarteten Kurzbesuch. Dummerweise war gerade Blattzeit, was ich vor lauter Vorfreude auf die Urlaubstage völlig vergessen hatte. Mein Gewehr stand dann auch brav zu Hause im Schrank.
Aber raus ins Revier mußten wir natürlich am Abend, und da ich nicht gewillt war, mir die Gegend und die Rehe unbewaffnet anzusehen, bekam ich eine Büchse von Fritz. Auf der saß dieses zehnfache Zielfernrohr.
Ich dachte mir nichts Böses, denn es gab natürlich auch die vierfache Vergrößerung, eine zweifache auch und dann eben hoch bis zur zehnfachen.

Ein bißchen Drehen mit einer Hand, und schon hatte man das Gewünschte eingestellt.

Ich nahm die Büchse, wir stiegen ins Auto und fuhren in das hochsommerlich vor sich hinruhende Revier.

Ich kannte es seit vielen Jahren gut. Es war mir sozusagen vertraut wie meine Hosentasche, und so hatte ich auch flugs meinen Ansitzplan für diesen Abend im Kopf.

Auf eine Leiter wollte ich, die an der einen Hangseite eines kleinen Tälchens stand, von der man diesseits und jenseits etwas sehen konnte. Und wenn sich gar nichts blicken ließ, konnte man abbaumen und das Tal entlangpirschen. Dabei waren dann auch noch Überraschungen möglich.

Fritz ließ mich dort aus dem Auto, wo ich aussteigen wollte und fuhr davon mit der Bemerkung, mich irgendwo im Tal wieder aufzugabeln, wenn es zu finster geworden war, um anzusprechen oder zu schießen. Ich pirschte die dreißig Meter bis zur Leiter und begab mich nach oben. Zeit war noch genug, aber in der Blattzeit weiß man ja nie.

Nachdem ich es mir bequem gemacht hatte, legte ich die Büchse auf meinem alten Filzhut auf und schaute durch das Zielfernrohr.

Ganz normaler Eindruck mit der vierfachen Vergrößerung. Nun drehte ich etwas herum, fand einen Hasen, der sich den Klee schmecken ließ, und wunderte mich, daß der so mächtig groß aussah. Da war ich inzwischen bei der achtfachen Vergrößerung angelangt und drehte vor lauter Schreck über den Riesenhasen wieder herunter.

Dann stellte ich die Büchse neben mich und begann, den Ansitz zu genießen.

Nach etwa einer Stunde trat an meiner Hangseite, gar nicht weit weg, eine Ricke mit ihren beiden Kitzen aus. So ruhig, wie sie sich benahmen, war da offenbar kein Galan dabei oder in der Nähe. Wahrscheinlich war die Ricke schon beschlagen und wollte jetzt ihre Ruhe haben. Die Kitze, froh, daß Mutter keine Faxen mehr machte, sprangen recht albern für ihr Alter um sie herum, bis sie sich endlich gesittet ans Äsen machten.

Da meine Deckung auf der Leiter recht mangelhaft war, nahm ich nicht einmal das Glas hoch und beobachtete die drei bloßäugig. Nahe genug waren sie ja.

Sie ästen sich so durch die Wiese und verschwanden nach einiger Zeit in einem reifen Kornfeld, vermutlich um ein Vorabendnickerchen zu machen.

Es war wieder friedlich rundum, aber dann erschien am Waldrand gegenüber drüber dem Tälchen ein Jährling.

Dumm und dreist stand er da, hatte die Nase hoch im Wind und bekam wohl etwas mit von der Ricke im Korn. Jedenfalls spurtete er eiligst zu mir herüber und hinein in den Halmenwald etwa an die Stelle, an der die Ricke mit ihren beiden Sprößlingen dösen mußte.

Während seines Herankommens hatte ich ihn mir etwas näher durch mein Glas angesehen und festgestellt, daß er ein recht mickeriger Jährling war. Rechts sah man fast nichts von einer Stange, und links war auch nur ein halber Bleistift. Den konnte ich ruhigen Gewissens schießen.

Wo war er denn aber nun?

Ich suchte das Kornfeld ab, besonders an der Stelle, an der ich die letzte Bewegung gesehen hatte, konnte das Böckchen aber einfach nicht finden.

Das stand wahrscheinlich stocksteif und mit pochendem Herzen vor dem Lager seiner Angebeteten und traute sich keinen Schritt vor oder zurück.

Schließlich verriet sich der Jährling aber doch. Ein Lauscher verscheuchte die Fliegen.

Da sah ich ihn.

Nein, ich sah nicht ihn, sondern lediglich seine Lauscher und die dünnen Stängelchen. Ich konnte nicht einmal sicher sagen, ob er mir sein Haupt zuwandte, oder ob ich ihm von hinten zwischen Lauscher und Stangen guckte. So völlig bewegungslos verhielt er sich. Und die reifen, dunkelgelben Halme und Ähren gaben auch nicht den besten Kontrast zu dem gelblichen Fell und der hellen Farbe der Stangen. Er war vielleicht vierzig Meter von mir entfernt, und ich kam nicht klar. Ein Blick durch das Vierfache ergab auch keine Lösung des Problems. Nicht einmal der Ansatz des Trägers war zu erkennen. Er stand dort wie erstarrt, wie ausgestopft.

Meine Zielübungen brachten nichts. Einen Schuß auf dieses zweifelhafte Jährlingshaupt war einfach zu riskant. Die Ricke rührte sich auch nicht, nicht einmal die beiden Kitze. Von denen hätte ich wenigstens erwartet, daß sie, von Neugier geplagt, sich den großen Bruder näher betrachten würden.

Sehr wahrscheinlich war der Jährling tatsächlich ein Sohn der Ricke vom Vorjahr. Und mit Sicherheit kannten sich die Vier schon sehr gut.

Anders schien es überhaupt nicht möglich, daß es da unten keine Bewegung gab.

Langsam wurde es langweilig. So spannend war der Jährling nun auch nicht, daß ich deswegen ins Schwitzen gekommen wäre.

Die Zeit ging dahin. Und dann stand genau an der Stelle, an der mein Böckchen vorhin aus dem Wald gekommen war, wieder ein Reh. Drüber dem Tälchen, so an die zweihundert Meter weg. Vielleicht auch weiter.

Im Entfernungschätzen bin ich nicht sehr gut. Wahrscheinlich, weil ich nie unter den Soldaten gewesen bin. Aber es war schon ein ganzes Ende weg, das Wiesenstück dort drüben. Von meiner Leiter lief ein Wiesenweg zum Fahrweg, der mochte fünfzig Meter haben. Auf der anderen Talseite ging es leicht bergan, zunächst ein Maisfeld, das sicher hundert Meter breit war, dann ein Streifen Kartoffeln, wohl auch so an die fünfzig Meter, und dann noch ein Stück Wiese hinauf bis zum Waldrand, wo das Reh stand.

Also gut, das Reh erwies sich als weiblich. Es machte plötzlich einmal „bäh" und sprang dann über die Wiese davon schräg talab in ein weiteres Kornfeld gegenüber. Da verschwand es.

Das Bäh brachte nun endlich den Jährling in Gang. Er rauschte so schnell durch die Halme, daß auch jetzt an einen Schuß nicht zu denken war, überquerte den Fahrweg mit zwei Sätzen und tauchte hinter der neuen Ricke unter.

Der war erst einmal davon.

Seine vermutliche Mama blieb noch immer ruhig. Was sollte sie sich auch aufregen. Sie saß da prächtig irgendwo im Korn, wußte ihre beiden Kitze neben sich in Sicherheit, und dieses ganze Brunftgetue nahm sie in ihrem Alter sowieso gelassen hin.

Ich überlegte bereits, ob es Zeit war, abzubaumen und einen Bummel am Waldrand entlang zu wagen. So langsam kam die Dämmerung.

Ich glaubte auch nicht mehr an einen besseren, stärkeren und älteren Bock in der Nähe. Denn, wo sich ein dümmlicher Jährling derart ungeniert um gleich zwei Damen mitten in der Blattzeit kümmern durfte, da sollte er wohl freie Wahl und kaum Konkurrenz haben.

Das war aber etwas ungewöhnlich in diesem Revier, das nicht schlecht mit guten Böcken besetzt war. Der Abend hatte bisher einen so friedlichen Verlauf genommen, daß sich auch ein vorsichtiger Alter hätte blicken lassen können. Kein Pilzsucher trabte durch die Gegend, kein

Radfahrer erschien auf dem Weg zwischen den Dörfern. Heuernte war auch keine, und nicht einmal ein bäuerliches Großväterchen mußte vor dem Schlafengehen unbedingt noch einmal nach den Kartoffeln sehen.

Auch ging kein wahrnehmbarer Wind, der vielleicht hätte küseln können. Da wäre die Ricke vor mir im Getreide schon längst auf und davon mit ihren Kitzen.

Also was tun?

Das ist ja immer die heikle Frage an einem Platz, wo nichts passiert oder jedenfalls nicht das, worauf man wartet. Bleibt man hocken, passiert wahrscheinlich weiterhin nichts bis zur Dunkelheit, baumt man ab und schaut sich anderswo um, kann da genau so wenig los sein, und man wird nie erfahren, ob dort, wo man vorher gewesen ist, nicht vielleicht doch der „Bock des Lebens" noch gekommen ist.

Mir ging's an diesem Abend aber gar nicht so sehr darum, zu Schuß zu kommen. Ich wollte den Abend draußen einfach genießen, ihn erleben und ihn als schönen Sommerferienanfang in guter Erinnerung behalten können.

Ich kam auf die nicht gerade originelle Idee, mich nach der Knopfzahl meines Hemdes zu orientieren, zählte ab mit ‚bleiben' und ‚nichtbleiben', endete bei nichtbleiben, nahm die Büchse und meinen Hut und setzte den rechten Fuß auf die oberste Leitersprosse.

Und erstarrte.

Halb verdreht und verquirlt, in der einen Hand die Büchse, in der anderen meinen Hut, den ich mir eben aufstülpen wollte, erstarrte ich.

Da drüben überm Tälchen, wo der Jährling herausgekommen war und das weibliche Stück etwas später, stand abermals ein Reh.

Und was für ein Brocken.

Und drauf war da auch einiges. Da brauchte ich kein Glas. Nun war das zwar, wie beschrieben, gut an die zweihundert Meter hinüber. Aber welcher Bock auch immer dort stand, er hatte freien Blick auf meine Gestalt, und das Licht war noch so reichlich, daß ihm eine unvorsichtige Bewegung von mir ganz sicher zu denken gegeben hätte. Nur denkt da ein Bock nicht lang, er dreht sich um und ist verschwunden. Zum Glück äugte der dort drüben nicht in meine Richtung, sondern hinunter zum Kornfeld, wo sich der Jährling inzwischen vermutlich mit der zweiten Ricke verlustierte. So drehte ich mich behutsam wie ein Freihandkletterer in der Steilwand zurück auf den Sitz, gab meinem Filzhut den letzten Stubs auf meinen Kopf und nahm das Glas vor die Augen.

Liebe Zeit, das war kein Schlechter. Der paßte schon haargenau. Wohl fünf, sechs Jahre alt, hoch auf aber keine besonderen Enden und kaum Perlen.

Jetzt aber los.

Da fiel mir ein, wie weit das da hinüber sein mußte. In Windeseile gingen mir meine langjährigen guten Vorsätze durch's Hirn, auf ein Reh nicht weiter zu schießen, als höchstens so über hundertzwanzig.

Da fiel mir ein, daß ich ja Fritz' Zielfernrohr hatte, das mit der Zehnfachen.

Also durchschauen konnte ich ja einmal. Der Bock stand und äugte hinunter.

Ich schob den Büchsenlauf über meine Hand auf die Auflage und peilte ihn an.

Mit dem Vierfachen ging gar nichts. So drehte ich gleich auf zehnfach. Wenn schon, denn schon. Ich konnte jetzt auch nicht mehr lange fakkeln, denn lange würde mein Bock ganz sicher nicht mehr ruhighalten.

Donnerwetter, das war ein Anblick!

Riesengroß hatte ich ihn im Blickfeld. Überhaupt kein Problem, den Zielstachel dahin zu bekommen, wo ich ihn haben wollte. Null Problemo, alter Waidmann. Und welche Lichtstärke! Brauchte ich vielleicht doch einmal ein besseres eigenes Zielfernrohr?

Los jetzt – rumms. Der Bock war weg.

Abgesprungen konnte er nun doch nicht sein. Da er gerade noch brettelbreit auf der Wiese gestanden hatte, sicher seine zwanzig Meter vom Waldrand entfernt, hätte ich das selbst dann mitbekommen, wenn ich beim Abdrücken beide Augen zugekniffen hätte.

Es mußte ihn also umgehauen haben an Ort und Stelle. Das Gras war so hoch, daß er dort liegen konnte, ohne daß ich ihn sah.

Nichts rührte sich an der Stelle.

Dafür war natürlich die Ricke mit ihren zwei Kleinen hochgeworden und getürmt. Das konnte ich hören. Sie schimpfte auch noch eine Weile aus der Ferne.

Gelassen blieb ich erst einmal sitzen, etwas verdutzt über den gar nicht mehr erwarteten Erfolg dieses Abends.

Der Bock mußte liegen. Mit einem sauberen Blattschuß. Denn am Blatt hatte ich meinen Zielstachel gehabt und gezittert oder gejippert hatte ich auch nicht. Diesmal ganz sicher nicht.
Es wurde schnell duster. Fritz wird Augen machen, dachte ich und blieb sitzen, bis er kam.
Als er kam und mit Radau unter mir bremste und ausstieg, stieg ich ab und ging zu ihm. Völlig gelassen.
Er sagte nur „nix?", und ich sagte nur „doch".
„Wo liegt er denn?" fragte Fritz. Ich sagte „da drüben, überm Tal!" Fritz schaute hinüber, wohin ich vage mit meiner Hand deutete und meinte „was, bis da hinüber hast du geschossen? Das sind ja fast zweihundertfünfzig Meter!"
„Na und", sagte ich, „ich hatte ja dein Zehnfaches!"
Darauf sagte Fritz nichts mehr, bekam aber jenen eigenartigen Zug um die Mundwinkel, von dem ich schon lange Zeit wußte, daß dann irgendeine Sache faul war.
Aber ich war ja nun wirklich kein Jungjäger mehr und irgendwelche unguten Gefühle hatte ich weder vor, noch beim noch nach dem Schuß gehabt.
Was schaute der also so komisch drein?
Wir gingen den flachen Hang hinauf, umschlugen Maisfeld und Kartoffelacker. Ich erzählte in Kürze den Verlauf des Abends.
Wir waren fast an der Stelle, wo mein Bock liegen mußte, als Fritz noch einmal stehen blieb, hinüberschaute zu meiner Leiter, schnaufte und meinte „du machst doch sonst keine Experimente".
„Wieso Experimente?"
„Mensch, ist dir nicht klar, daß ein Schuß auf diese Entfernung durch ein zehnfaches Zielfernrohr nur eines Mückenschisses bedarf, um völlig daneben zu liegen?" Er sagte tatsächlich Mückenschiß, und ich verteidigte mich lebhaft mit den Aussagen, daß ich weder gewackelt noch geschwitzt hätte, und das Jagdfieber hätte mich diesmal auch nicht erwischt, und der Bock wäre breit und stocksteif dagestanden, und überhaupt hätte alles gepaßt, und er solle aufhören zu motzen.
Irgendwie kam ich nun aber doch ins Schwitzen.
Wir kamen nun zur Stelle und zur Sache, und der Bock lag da und war so mausetot, wie er nur sein konnte.
„Sag ich's doch" sagte ich.
Fritz sagte gar nichts.

Ich legte einiges ab, um mich ans Aufbrechen zu machen. Ich freute mich wie blöd, denn der Bock hatte wirklich hoch auf, und wie ich ihn angesprochen hatte, stimmte das alles haargenau.
„Wo hast du ihn denn eigentlich getroffen?"
„Uff, na Blattschuß, warte mal. Ich muß ihn umdrehen, der Einschuß muß auf der anderen Seite sein".
Aber wieso war da eigentlich kein Ausschuß?
Das Kaliber 6,5 x 57, das auch Fritz' Büchse hatte, haute doch immer glatt durch!
Ich drehte den Bock um, aber auch diese andere Seite war so schier und unbeschädigt wie nur etwas.
Da hörte ich Fritz sagen „der hat ja einen Genickschuß!" Also das war es dann. Fein säuberlich hatte ich ihm die Kugel in den oberen Trägerbereich verpaßt.
Kein Wunder, daß es ihn zusammengehaut hatte wie nach einem Schlag mit der Keule.
Einem winzig kleinen Verriß beim Abdrücken hatte ich diesen Treffer zu verdanken. Und dankbar konnte ich wohl sein. Da hatte nicht viel gefehlt, und ich hätte in den Wald gefunkt. Was nicht so schlimm gewesen wäre, als wenn die Kugel durch den Schädel gefahren wäre.
Überflüssig zu sagen, daß mein altes, braves Vierfaches noch immer den Lauf meiner Rehbüchse ziert.
Und dann dachte ich mir noch, daß man auch als alter Waidmann, der's nicht so sehr mit der Technik hat, noch so einiges dazulernen kann.

Wenn der Vater mit dem Sohn...

Wenn der Sohn den Jagdschein macht, dann ist das für den altjagenden Vater insgeheim schon aufregend.
Insgeheim, wohlgemerkt, nach außen blieb ich gelassen. Und während ich beim Abitur nie irgendeinen Zweifel am Bestehen ausgebrütet hatte, war ich beim Jagdschein skeptisch.
Von großen jagdlichen Leidenschaften war bei Julian bislang nicht viel zu spüren gewesen. Seine Beobachtungsgabe war sehr gut, das schon, Augen hatte er wie ein Luchs. Auch als Treiber, Hundeführer und Hasenträger hatte er ab und zu seinen Mann gestellt, solange es noch etwas zu treiben gab, und schließlich purzelte auch schon mal die eine oder andere Taube mit Hilfe seines ersten Luftgewehres vom Ast.
Das war's aber auch schon.
Ich hatte als Dreijähriger schon mit einem Blasrohr aus einem Holunderzweig Jagd auf Schnecken gemacht, bekam von meinem Vater eine gewaltige Ohrfeige, weil er leider Zeuge wurde, wie der Neunjährige mit einem geliehenen Luftgewehr statt eines vermeintlichen Spatzen einen Laubsänger zur Strecke legte. Und bald darauf wurde ich von einem Onkel mit einer kleinen, einläufigen Flinte beschenkt und machte damit sein österreichisches Revier in den Ferien unsicher und den Eichkatzeln und Eichelhähern das Leben schwer.
Ganz zu schweigen von den Jahren danach.
Julian also wollte den Jagdschein machen.
Das Abitur war geschafft, die Bundeswehr auch. Dort hatten sie Schießen gelernt und auch, wie man einen Karabiner auseinander nimmt. Das immerhin hatte der Sohn dem Vater voraus.
Ich gebe unumwunden zu, daß mir die Innereien meiner Jagdwaffen noch heute ein großes Geheimnis sind. Wie's da drinnen aussieht, das brauchten wir Anfang der sechziger Jahre bei der Jägerprüfung noch nicht zu wissen.

Die ganze Prüfung war damals harmlos. Drei Fragen an jeden Prüfling, ein paar Vögel richtig ansprechen, das war's. Aber heute geht es bekanntlich schärfer zu, und so war der Sohn dann ein halbes Jahr reichlich beschäftigt. Ich hielt mich raus.
Was ich von der Jagd und dem Jagen hielt, das wußte er sowieso, und bei seinen Lehrgangsgenossen und denen, die ihnen die Sache beibrachten, war er gut aufgehoben. Beim samstäglichen Flintenschießen auf dem Tontaubenstand mußte ich aber einmal heimlich hinzuschleichen.
Eine dicke, alte Eiche gab mir Deckung. Von dort aus sah ich zu.
Und während die meisten Flintenneulinge mächtige Löcher in die winterliche Luft schossen, und die Tontauben erst zu Bruch gingen, wenn sie auf dem Boden auftrafen, stand der meine da als hätte er sein junges Leben lang nichts anderes getan als mit der Flinte hantiert und holte die runden Scheiben reihenweise aus der Luft.
Mir blieb die Spucke weg, und einem der alten Jäger dort auch. Der wollte Julian gleich für die Jugendmannschaft anheuern.
Aber das überlegte Julian sich noch.
Es wäre absolut blöde zu behaupten, daß ich nicht stolz gewesen war, als ich da hinter meinem Baum stand und das sah.
Selbst war ich nie ein besonderer Flintenschütze geworden. Mittlerer Durchschnitt. Aber es soll ja Menschen geben, denen das Flintenschießen angeboren ist. Vielleicht gehörte mein Sohn dazu.
Vielleicht hatte er aber auch nur das Glück des Neulings, und noch kann keiner wissen, ob die Treffsicherheit auch beim Schuß auf Wild bleiben wird.
Jedenfalls bestand er die Prüfung.
Ich ließ meinen guten, alten Drilling überholen und mit einem neuen Zielfernrohr ausstatten, kaufte ein paar Schachteln Munition dazu, band eine grüne Schleife darum und schenkte ihm seine erste, eigene Jagdwaffe.
Aber was mich viel mehr beschäftigte, war die Frage, wann und wo ich Julian zu seinem ersten Bock verhelfen konnte.
Irgendwie gab mir das keine Ruhe. Er sollte diesen ersten Bock mit mir zusammen erlegen. Mindestens wollte ich ihm dazu verhelfen.
Da traf es der Zufall, daß wir beide um die selbe Zeit von Österreich kommend aus dem Urlaub zurück nach Norden fuhren und zwar Anfang August.

Blattzeit also.

Und die Möglichkeit, bei Freund Fritz eine Pause einzulegen von zwei bis drei Tagen.

Freund Fritz in allen Lebenslagen!

Ein kurzer Anruf genügte. Wir konnten kommen.

Ich fuhr einen Tag früher, wollte mich schon einmal umsehen. Das Wetter war nicht gerade hochsommerlich und blattzeitmäßig. Es goß fast ständig und kalt war es auch. Entsprechend unlustig schienen die Böcke und ihre Damen. Da ich mich im Revier längst gut auskannte, fuhr ich am ersten Abend die erfolgversprechendsten Gegenden an, sah aber fast nichts an Rehwild. Wenn überhaupt etwas heraustrat, dann so spät, daß ich Mühe hatte, festzustellen, ob es Bock oder Ricke war.

Auch die Tagespirsch noch vor der Abendrundfahrt war ergebnislos geblieben.

Julian wollte am nächsten Tag so um die Mittagszeit eintreffen. Am Morgen startete ich eine erneute Rundfahrt, leuchtete die ganze Gegend mit dem Glas ab und fand wieder kein Rehwild.

In diesem rehreichen Revier ein Phänomen.

Es war schon halbacht, und ich auf dem Rückzug zum Frühstückstisch, als die Sonne für kurze Zeit herauskam. Ich stellte meinen Wagen an einem Feldweg ab, um einen heckenreichen Hang zu umschlagen. Vielleicht tat sich hier etwas.

Kaum aus dem Auto, erstarrte ich wie der Maibaum im Dorf nebenan.

Da trieb ein Bock aus einem Maisschlag heraus auf ein freies Feld, kam hinter der Ricke her schräg auf mich zu. Mein Gewehr lag im Auto.

Mein Glas hatte ich umhängen. Ich nahm es vorsichtig vor die Augen und befand den Bock absolut abschußreif. Sonst konnte ich nichts tun, die beiden waren nur vierzig Meter entfernt.

Schon steuerte die Ricke den benachbarten Maisschlag an und verschwand darin. Der Bock hinterdrein.

Da drin ließ es sich gut den Tag überdauern, und so sah ich auch nichts mehr von den beiden.

Allerdings konnten sie sich auch hinten hinaus noch davon gemacht haben. Da standen ebenfalls Hecken und nicht weit weg war der Wald.

Ich wußte also weder genau, wo der Bock hergekommen war noch wo er seinen Einstand hatte. Es gab auch nur einen einzigen Hochsitz in dieser Ecke. Der war aber gut hundert Meter von meinem Standort entfernt und abseits der Marschrichtung meiner Rehe.

Mittags kam Julian. Am Nachmittag machten wir eine Fahrt durch das Revier, damit er wenigstens so einigermaßen die Grenzen kennen lernen konnte. Daß man die bei der ersten Fahrt nicht kennen lernen kann, war mir klar.

Aber das Revier lag landschaftlich so schön, daß die Befahrung schon aus diesem Grund nichts schaden konnte. Abends setzte ich ihn dann auf eine kleine Leiter in einer Esche, hundertfünfzig Meter vor dem Waldrand in einer saftigen Wiese.

Eine Stelle, an der ‚eigentlich immer was kommt'. Der Waldrand ist da die Grenze zum Staatsforst, der Forst dahinter ist riesengroß und gibt den Forstbeamten wenig Chancen, hier ihren Abschuß zu erfüllen. Kommen die Rehe aus dem Wald auf die Wiesen, sind sie in Fritz' Revier.

Die Rehe kamen, aber wieder so spät, daß Julian, wie ich am Abend vorher, nicht mehr sicher ansprechen konnte. Mir selbst war auf's Blatten ein Knopfbock zugestanden, den ich ohne Mühe erlegte.

Wir beide gaben uns an den nächsten zwei Tagen redliche Mühe, aber entweder das Wetter spielte verkehrt oder die Rehe. Es klappte überhaupt nichts.

Wenigstens ich hatte beim Abendansitz noch ein nennenswertes Erlebnis.

Fritz wußte eine Stelle, an der, wie er sagte, einer seiner Söhne vor ein paar Wochen einen Knopfbock gesehen hatte. Da sollte ich mal hingehen.

Das tat ich auch. Julian setzte ich wieder an einer mir durch Jahre hindurch als aussichtsreich bekannten Stelle ab. Etwas ein wenig Besseres als einen Knopfer wollte ich ihm schon gönnen.

Das Plätzchen, an dem ich mich niederließ, war hübsch. Von der Leiter, zwischen zwei Eichen geklemmt, ging der Blick über ein flaches Wiesental. Gegenüber ein flacher, buschbestandener Hügel.

Die Wiese war noch nicht gemäht. Hier mochte durchaus etwas kommen.

Es kam auch bald eine Ricke. Allein. Weder Bock noch Kitz dabei. Sie stand vor mir in der Wiese bis zum Bauch im hohen Gras und äste vor sich hin.

Nach einer halben Stunde etwa warf sie auf und schaute aufmerksam hinüber zum Buschhügel. Und dort trat eine zweite Ricke aus, aber eine ganz schön große.

Sie kam langsam auf die Ricke in der Wiese zu und damit spitz von vorne auch auf mich. Durch mein Glas betrachtet, blieb sie eine Ricke. Aber stutzig wurde ich, als sich dieses Reh plötzlich wie ein Bock verhielt und zu treiben anfing.

Es war ein Bock!

Ein Bock mit nullkommagarnichts auf dem Kopf. Und er trieb wie verrückt. Nicht nur das, die Ricke, die wirkliche und echte, fand diesen geweihlosen Galan offenbar auch noch gut, denn sie verführte ihn, kaum, daß er einmal verschnaufen wollte, sofort zum Weitermachen.

In dem hohen Gras und bei dem ständig Hin und Her gab es für mich keine Gelegenheit zu schießen. Nach fünf Minuten verschwanden die beiden dann in den Büschen.

Hätte ich geahnt, daß der angekündigte Knopfbock ein alter, total geweihloser Bursche war, wäre ich darauf vorbereitet gewesen und hätte ihn gleich nach seinem Erscheinen bekommen können. Bis der Groschen bei mir fiel, war es zu spät. Ich habe in den ganzen vergangenen Jahren so manchen Bock gesehen, der wenig zwischen den Lauschern trug, aber so etwas war mir noch nicht untergekommen. So hätte mich der da schon sehr interessiert. Ein Jährling war es ganz sicher nicht. Auch kein Zweijähriger. Dazu brachte er viel zu viel Körpermasse mit.

Ich begegnete ihm an unserem letzten Morgen noch einmal. Es regnete, aber Julian und ich pirschten trotzdem, hatten unsere Lodenmäntel um, die Krägen hochgeschlagen und die Hüte in der Stirn.

Als wir an jenem Wiesental vorbeikamen, trieb der schmucklose Bock dort wieder. Wir nutzten ein paar armselige Büsche als Deckung und kamen auch ganz gut heran, wenn auch reichlich behindert durch einen mortsmäßigen Wolkenbruch. Aber als wir soweit waren, daß Julian auf meiner Schulter hätte auflegen können, wurde auch den Rehen die Schütterei zu dumm und sie verschwanden im Unterholz.

Jetzt habe ich den Ereignissen kräftig vorausgegriffen. Am Morgen vor dieser Regenpirsch war mein Sohn noch immer bocklos.

Ich wurde ganz schön nervös. Zwei Abendansitze, ein Morgenansitz, tagsüber Pirsch und Suche und nicht die geringste Möglichkeit zum Schuß.

Ich muß noch einmal betonen, daß es Rehe in diesem Revier genug gab. Aber wie der Teufel es will, in diesen Tagen, machten sie sich rar. Wir standen früh auf und schauten erst einmal wieder aus dem Wagen heraus nach Rehen. Nichts zu sehen. Ja schon, da ein Schmalreh, dort eine Ricke mit Kitz. Auch einen prächtigen Zweijährigen fanden wir schließlich. Aber das war nun wirklich nicht der Richtige.
Kein Abschußbock, kein Knopfer — den ich nun in letzter Not auch noch für besser als nichts gehalten hätte — und schon gar nicht ein wirklich Guter.
Da fiel mir mein treibender Bock vom Maisschlag ein. Der wäre ja genau goldrichtig. Ich hatte ihn auf etwa fünf Jahre geschätzt. Hoch auf hatte er gehabt, aber so gut wie keine Perlung. Ein richtiger, guter Abschußbock, über dessen Trophäe ich mich selber gefreut hätte.
Also machte ich auf den Hinterrädern kehrt, wo wir gerade standen und über das weitere mehr oder weniger lustlos sinnierten, fuhr zu dem Sitz, der da in der Nähe stand, berichtete Julian inzwischen, was ich wußte und auch, daß ich nicht wußte, wo dieser Bock ging und stand.
„Aber er kann durchaus da irgendwo kommen", das sagte ich auch „Schieb dich oben ein, ich hau' wieder ab und schau in zwei Stunden wieder vorbei. Paß' auf, da drüben ist die Straße!"
Das Waidmannsheil hätte ich beinahe vergessen.
Ich wartete noch, bis er sich auf dem Sitz eingenistet hatte, sah ihn da sitzen, den Blondschopf und erinnerte mich an meinen ersten Bock. Total bedämmelt war mir damals zumute gewesen, hatte ich doch keine Ahnung von jungen und alten Böcken, richtigem Ansprechen und überhaupt. Fritz hatte mich auf einer Leiter abgesetzt, hatte irgendetwas wie „du bist doch Zoologe, wirst ja noch jung von alt unterscheiden können" gemurmelt und war abgehauen. Ich hatte Blut und Wasser geschwitzt, als dann tatsächlich ein Bock auftauchte. Und natürlich war er zu jung gewesen, nachdem er im Gras lag und maustot war.
Aber wenigstens brauchte ich mir jetzt darüber keine allzugroßen Sorgen zu machen, weil hier ein Fehlabschuß nicht gleich lebenslange Verbannung bedeuten würde. Wünschen wollte ich ihn meinem Sohn aber trotzdem nicht.
Ich fuhr weg und überließ ihn seinem Schicksal.
Ich fuhr kreuz und quer durch das Revier und wurde mit jeder Minute nervöser.

Ich blickte alle Augenblicke auf die Uhr, ob die zwei Stunden nicht schon um waren und malte mir alle möglichen und unmöglichen Möglichkeiten aus, die dort hinter dem Maisschlag passieren konnten.
Ich war so durcheinander, als ginge es um den Bock meines Lebens.
Endlich wurde es Zeit. Acht Uhr war vorbei, und wenn bis jetzt nichts geknallt hatte, würde nichts mehr gehen. Ich kam zur Leiter und sah Julian zwanzig Meter davor in der Wiese herumsteigen, die Augen zum Boden gerichtet und leicht gebückt.
Da wußte ich schon so ziemlich Bescheid.
Ich ging zu ihm und fragte „Na?"
Und da war literweise Schweiß im Gras.
„Der Bock ist vor etwa einer halben Stunde da aus dem Wald gekommen, stand auf der Wiese, und ich habe geschossen!" Das sagte er, als ob er eben im Gasthof ein Mittagessen bestellte.
Wo, um alles in der Welt, nahm der nur seine Ruhe her? Mir schlug das Herz wie verrückt, ich hatte Jagdfieber, obwohl ich selbst gar nicht direkt betroffen war.
„Und dann?"
„Dann hat's ihn umgeschmissen, aber er ist wieder hochgeworden und dort durch die Hecke zurück in den Wald!"
„Hast du schon nachgeschaut?"
„Nein, noch nicht!"
Ich betrachtete mir die Anschußstelle noch einmal und den vielen Schweiß.
„Also dieser Unmenge von Schweiß nach kann er nicht weit gekommen sein. Schau'n wir nach!"
Ich kroch durch die Hecke, machte noch ein paar Schritte und sah ihn schon liegen.
„Waidmannsheil, mein Lieber! Bock tot, da liegt er!"
Es war genau der Bock, den ich gesehen hatte, und er war richtig.
Hohe Stangen, wenig Perlen, keine besonderen Enden. Aber ein Prachtsbursche für einen ersten Bock.
Der Schuß saß tief. So tief, daß nicht viel gefehlt hätte, und er wäre unten durch gegangen. Gerade noch waren der Brustkern aufgerissen und eine Hauptader verletzt worden. Es war auch klar, warum. Der Bock stand beim Schuß nur knappe zwanzig Meter von der Leiter entfernt, und Julian hatte durch das Zielfernrohr geschossen. Bei dieser Nähe gibt das einen Tiefschuß.

Aber das schien jetzt alles egal. Er lag, war ein guter Abschußbock, und ich konnte mich langsam wieder einkriegen.
Julian brach ihn auf. Da er das während des Lehrgangs schon einige Male üben mußte, ging es schnell und problemlos. Ein paar Tips konnte ich zwar geben, sie waren aber eher überflüssig.
Dann packten wir ein und fuhren nach Hause.
Hinten in meinem Kofferraum lag der Fotoapparat. Da lag er schon die ganzen Tage, weil ich natürlich vorgehabt hatte, den ersten Bock samt Schützen und allem Drum und Dran auf die Platte zu bannen. Jetzt vergaß ich das vor lauter Aufregung und merkte es erst, als wir das Haupt schon abgeschlagen und das Geweih abgesägt hatten.
Da war Julian auch schon aus seiner Jägerkluft draußen und in Jeans und buntem Hemd.
Ich war sauer über mich und sagte: „Komm her, pack deine Trophäe und dein Gewehr, häng' dein Glas um, wir fahren nochmal raus und machen wenigstens ein Foto von dir mit dem Geweih in der Hand, dort, wo du geschossen hast!"
Gesagt, getan.
Ein Prachtfoto ist es dann nicht gerade geworden, aber als Erinnerung war es doch etwas wert: Der Schütze in Bluejeans und Bunthemd, den Lodenhut auf dem Kopf, in einer Hand das Gewehr in der anderen das halbe Bockhaupt, und im Hintergrund die Wiese, wo's passiert ist.
Wir haben dann beide gelacht, und ich weiß nicht, wer sich über diesen ersten Julian-Bock mehr gefreut hat, der Sohn oder der Vater.

Zwei Harzhirsche

Im Herbst vor ein paar Jahren konnte ich an einer Waldschadensführung im Harz teilnehmen. Dort ließen die Fichten die Köpfe hängen, warfen die Nadeln ab wie die Hirsche ihr Geweih und starben. Besonders in den Hochlagen sah es böse aus.
Ein befreundeter Forstbeamte hatte mich angerufen und mich auf diesen Termin aufmerksam gemacht und dann hatte er noch gesagt, bring deine Büchse mit, wir können uns am Abend noch ansetzen.
Auf was wir uns ansetzen können, hat er nicht gesagt. Aber wenn ich es mir überlegte, so konnte das im Oktober, nachdem der ganze Hirschbrunftzauber vorbei war, eigentlich nur eine Ricke sein.
Jedenfalls packte ich meine Büchse in den Kofferraum und ein paar warme Sachen, ließ mich drei Stunden lang durch den mehr oder weniger kaputten Wald führen und mir erzählen, woher der ganze Schaden kam. Man wolle jetzt mehr Laubbäume pflanzen, die anscheinend den sauren Regen besser vertrugen – inzwischen vertragen die Laubbäume ihn auch nicht mehr – aber da war wieder das Rotwild, die großen braunen Rindenfresser, wie manche es nannten, dem die jungen Laubbäume auch besser schmeckten, als die alten Fichten.
Die Probleme verstrickten sich miteinander und waren so einfach und so schnell, wie es nottat, nicht zu lösen. Als dies also vorbei war, nahm mich der Forstbeamte ins Schlepptau und steuerte ein Forstamt an, um den zuständigen Revierförster mitzuteilen, daß wir uns ansetzen wollten. Beide auf einen Hirsch.
Als ich solches vernahm, schluckte ich trocken und schrumpfte zusammen.
Ich hatte zwar schon einige Hirsche geschossen, in Österreich, aber immer in Begleitung eines Führers, der mir sagte „den kennans schiaßn" oder „den kennans net schiaßn." Im Harz hatte ich noch nie

auf einen Hirsch gejagt, und außerden wurde mir sehr schnell klar, daß man mich an einen Platz verfrachten wollte und dort alleine lassen. Wenn dann ein Hirsch kam, mußte ich auch alleine entscheiden, ob ich auf ihn schießen wollte, konnte, dürfte oder nicht.
Wichtig war das „dürfte."
Wie das verzwickt und vertrackt ist mit dem Hirschabschuß, weiß ja jeder, der auch nur irgendwie einmal damit zu tun hatte.
Das Alter muß stimmen, das Geweih muß stimmen, und wenn du den Falschen erwischst, sei Hubertus dir gnädig.
Es ging mir offenbar an den Kragen. Da wollte mir doch jemand einen Strick drehen oder ein Geweih aufsetzen oder was weiß ich. Denn, wenn ich mir auch inzwischen zutraute, einen zweijährigen Hirsch von einem zwölfjährigen unterscheiden zu können, so wußte ich genau, daß ich einen neunjährigen von einem zehnjährigen nicht auseinander halten konnte.
Und die Enden würde ich schon ganz sicher nicht richtig hinkriegen, weil mich das Jagdfieber so beuteln dürfte, daß ich überhaupt nichts erkennen würde.
Es half mir auch wenig, daß ich zu hören bekam, du kannst eigentlich alles schießen, was kommt, nur keinen Kronenhirsch und keinen unter zehn Jahren.
Ich konnte eigentlich eben nicht alles schießen und steckte damit von vorne herein in allen nur möglichen Schwierigkeiten. Sie packten mich ins Auto und fuhren los.
Fichten links und Fichten rechts, Fichten oben und unten. Schneisen.
Bitte nicht an eine Schneise setzen, war mein stilles Gebet.
Die Schneise gibt dir schon überhaupt keine Chance. Ein Hirsch ist da so schnell drüber, daß man mit dem Ansprechen gar nicht anzufangen braucht.
Da lasse ich mein Gewehr lieber gleich unter der Kanzel stehen.
Aber dann sagte der Revierförster zu mir: „Ich setze Sie an einen Platz, den Sie kennen. Da haben Sie schon einmal beobachtet. Wissen Sie, den kleinen Bodensitz am Rande der Dickung, wo man auf den Gegenhang schauen kann!"
Ach da, ja!
Der Platz war gut. Am Gegenhang gab es Kahlschläge und größere Flächen mit dürrem Gras. Da ließ sich unter Umständen etwas einige Zeit im Auge behalten.

Aber er sagte auch noch gleich: „Ich glaub' zwar kaum, daß sich da ein Hirsch blicken läßt, ich habe während der ganzen Brunft dort keinen gesehen!"

Na fein, so würde es ein ruhiger Abend werden.

Mein Freund wollte weiter oberhalb ansitzen. Der Revierförster und ich stiegen aus und pirschten uns durch die Dickung zum Ansitz.

Ich wollte gerade einschliefen, da sah ich den Hirsch, der da drüben, hundert Meter entfernt, brettlbreit am Hang stand und vor sich hindöste.

Hinter mir blieb es zunächst ruhig. Wir starrten beide durch unsere Gläser. Ich fand den Hirsch schon ganz in Ordnung, nur der Förster war anderer Meinung.

„Der ist nun doch zu jung", flüsterte er und „guten Anblick und Waidmannsheil!".

Damit verdrückte er sich.

Ich war allein mit dem Hirsch, der zu jung war, und hatte bei Gott einen guten Anblick.

Dann trollte der sich, und das war's denn wohl gewesen. Über den Gegenhang zogen sich drei breite Querschneisen. Zwischen ihnen standen vielleicht acht Meter hohe Fichtenstreifen, und oben auf der Kuppe war noch einmal eine kahle Freifläche. Der ganze Hang fiel, von meinem Platz aus gesehen, sehr steil nach links unten ab in ein Tal, durch das sich ein kleiner Bach schlängelte.

Es saß sich hübsch hier, denn der Blick ging noch weit über den Hang hinaus auf die Harzhügel. Still war es und beschaulich.

Ich wickelte mich in meinen Wetterfleck, stopfte eine Pfeife und freute mich auf das Abendessen.

Eine Stunde verging und eine weitere halbe.

Dann war da eine Bewegung oben auf der Kuppe.

Enden, ein Haupt. Ein ganzer Hirsch!

Langsam äste er sich heraus aus dem Wald, und ich sah ihn mir an.

Der mußte alt sein! Mächtig im Körper, Träger ebenso, Haupt wirkt alt und müde. Paßt!

Und die Enden? Ich hatte keine Zeit zum genauen Herumzählen. Jedenfalls sahen die Stangen total ungleich aus. Und wie denn überhaupt? Jammerten die denn nicht dauernd über zu viel Rotwild im Harz und über die angefressenen Bäume? Und konnte ich nicht eigentlich alles schießen?

Ich legte auf. Der Hirsch stand breit und äste. Es mochten hundertfünfzig Meter hinüber sein, und auf meine Büchse konnte ich mich verlassen.
Es war mir alles wurscht und ich schoß.
Den Hirsch riß es hoch und herum und den Steilhang hinunter. Er donnerte mehr fallend als flüchtend über die breiten Schneisen und durch die Fichtenstreifen, und ich wunderte mich nur, daß er auf der jeweils tiefer liegenden Schneise wieder zum Vorschein kam.
Nach wenigen Sekunden rumpelte er in den Waldstreifen, der den Bach umgab. Danach blieb es still.
Ich war mir totsicher, daß er dort unten lag. Alle Zeichen nach dem Schuß deuteten auf einen guten Treffer. Ich war auch völlig ruhig mitten auf dem Blatt abgekommen.
Der Hirsch mußte liegen.
Noch würde es etwa eine halbe Stunde hell bleiben. So ging ich zurück auf den Forstweg und rannte hinunter zum Forsthaus.
Dort saß meine Frau, die mich auf der Fahrt begleitet hatte, mit dem Revierförsterehepaar und wartete auf die Rückkehr der Jäger.
Ich platzte hinein, total verschwitzt und außer Atem und brachte gerade noch heraus: „Ich habe einen Hirsch geschossen!" Die kleine Gesellschaft geriet dadurch etwas durcheinander, aber schon saß ich im Wagen des Försters, und wir fuhren hinauf zur Kuppe.
Da waren wir schnell. Da sahen wir die Risse der Schalen im Boden. Da führte unübersehbar eine Rutsch- und Auskeilspur den Hang hinunter bis zum ersten Fichtenstreifen. Der Hirsch hatte unterwegs kleine Bäume herausgerissen und mittlere Baumstümpfe aus dem Boden geschlagen.
Nur Schweiß sahen wir nicht. Keinen Tropfen.
Am Anschuß nicht und nicht weiter unten.
Jetzt kam die Dämmerung, und wir konnten nichts mehr unternehmen. Obwohl ich immer wieder versicherte, der Hirsch müsse da drunten liegen, wahrscheinlich im Bach, verschob der Förster alles Weitere auf den nächsten Morgen. Das war ja auch richtig.
Und nun wollten sie alles haargenau berichtet haben, der Förster und der Forstbeamte, der weder etwas gesehen noch erlebt wohl aber meinen Schuß gehört hatte.
Ich berichtete. Wie der Hirsch ausgetreten war, für was für einen ich ihn gehalten hatte, ja, ja, sehr wahrscheinlich ein ungerader Zwölfer,

mag sein, daß er irgendwo noch eine Zacke mehr hatte, nein, kein Kronenhirsch.
Nach dem Schuß hat er gezeichnet. Wie denn?
Na wie denn, fast runterg'haut hat's ihn auf der Stelle, aber dann ist er eben hangab wie ein Panzer, mehr fliegend als sonstwas, gegen Bäume und Büsche geknallt und die ganze Zeit fast am Zusammenbrechen.
Bis unten zum Bach, dann war Ruhe.
Aber wieso gab es überhaupt keinen Schweiß?
Ja, das weiß ich doch auch nicht! Meine 8 x 57 bleibt schon mal stecken unter der Haut auf der anderen Seite und macht keinen Ausschuß. Über den Einschuß kann sich die Decke gezogen haben. Dann ist da kein Schweiß!
Kein gesunder Hirsch, dem die Kugel irgendwo über den Kopf oder zwischen die Beine geflogen ist, rast wie bedeppert stürzend und wankend senkrecht einen Steilhang hinunter. Und wenn er noch so erschrocken ist. Wenn ihm die Kugel unter den Bauch zwischen die Läufe in den Dreck gegangen ist. Aber genau dort hatten wir auch nichts gefunden.
Keinen Kugelschlag im Boden.
Und drüber weg? Jagdfieber? Hat's dich gebeutelt?
Es hat mich nicht gebeutelt. Ich war ja derart perplex, daß noch ein zweiter Hirsch auftauchte, wo eigentlich gar keiner kommen sollte, daß mir zum Beuteln und Jagdfiebern gar keine Zeit geblieben ist.
Hm.
Klang eigentlich alles recht zuversichtlich. Mein Freund, der mich lange genug kannte, glaubte mir wohl auch. Der Revierförster schien nicht so ganz überzeugt von meiner Schilderung.
Und ich selbst?
Ich redete mir zu und sagte mir die ganze Nacht hindurch: der liegt unten im Bach.
Der Hirsch lag nicht im Bach. Nicht davor und nicht dahinter. Er lag überhaupt nirgends.
Wir waren früh am Morgen zur Stelle mit dem besten Schweißhund der ganzen Umgebung.
Nochmals den Anschuß untersucht mit dem gleichen Ergebnis wie am Abend. Kein Schweiß, kein Kugelschlag.
Der Hund zog hangab der Fährte nach. Das war nun kein Kunststück, denn dieser Fährte hätte auch ein Mops folgen können. Wir hinterher.

Die Trampel-, Ausriß- und Umwerfspur führte durch alle Waldstreifen und Wiesenstücke.
Am Bach hörte sie auf.
Der Hund suchte noch weiter, fing nach einer Stunde zu faseln an und wußte nicht, nach was er weiter suchen sollte. Wir fingen noch einmal von vorne an, weil ich nach wie vor meinte, das gibt es nicht, der Hirsch muß was haben.
Nach weiteren eineinhalb Stunden gaben wir auf.
Verstehen kann ich diese Geschichte noch heute nicht. Absolut nicht. Den Hirsch habe ich längst verschmerzt. Was mich wurmt ist, daß ich nie den Beweis erbringen konnte, ihn richtig angesprochen zu haben, diesen mindestens zehnjährigen ungeraden Zwölfer.

Vielleicht als Trostpflaster bekam ich im nächsten Herbst einen II B Hirsch frei. Geführt wurde ich im eben geschilderten Revier vom ebenfalls schon geschilderten Revierförster. In den fünf Tagen, die mir zustanden, bekam ich eine Grippe mit allem drum und dran und fühlte mich wie durchgemangelt. Die Abend- und Morgenansitze waren naß, neblig und kalt. Die Tage verbrachte ich im Bett und schwitzte mich in Richtung Gesundheit.
Hirsche sahen und hörten wir nicht.
Am letzten Abend ging es mir leidlich besser und mein Jagdführer mutete mir einen etwas längeren Anmarschweg zu. Wir stiegen durch einen jüngeren Fichtenbestand bergauf, und ich ließ mir zeigen, wo die großen, braunen Rindenfresser ihre Nagespuren hinterlassen hatten.
Dann waren wir am Stand, wieder ein Bodensitz mit Blick auf den Gegenhang. Drei Schneisen drüben von unten nach oben. Um den Sitz ein paar Bretter. Zwischen uns und dem Gegenhang unten im Grund ein Bach.
So ähnlich hatte ich das alles schon einmal gesehen. Die Zeit verging, es tat sich nichts. Kein Röhren, kein Trenzer. Nichts.
Als wir fast schon aufgeben wollten, stand auf der rechten Schneise auf einmal ein Hirsch. Ein Jüngling. Ein Sechser. „Den könnten Sie schießen", hörte ich meinen Führer sagen, „was Besonderes ist es nicht gerade!"
Ich flüsterte zurück: „Natürlich schieß' ich den, besser wie gar nichts. Einen II B gibt's eh nicht in dieser Gegend!" Ich sollte den Hirsch auf die mittlere, breitere Schneise kommen lassen.

Er zog hinein in die Fichten und auf der mittleren Schneise wieder heraus und stellte sich so richtig schön hin. Aufgelegt und gestochen hatte ich schon. Also schoß ich. Den Hirsch riß es hoch und herum und den Steilhang hinunter. Ich kannte das doch?
Mein Förster warf mir einen Blick zu, der nicht sehr viel von Anerkennung oder sonstigen positiven Dingen erkennen ließ.
Der Hirsch brauste durch dick und dünn nach unten und verschwand im Bach.
Ich kannte das doch?
„Der liegt im Bach", sagte ich, weil ich nichts mehr hören konnte.
„Sind Sie sicher abgekommen?"
„Sicher, total sicher!"
Jetzt rumorte es da unter uns am Bach, und wir sahen einen dunklen Wildkörper zu uns den Hang herauf torkeln. Es war schon recht duster inzwischen, der Förster war aufgesprungen, hielt seine Büchse in Hüfthöhe.
Der Hirsch stand auf zwei Meter vor uns, und der Förster schoß aus der Hüfte.
Daraufhin verschwand der Hirsch nach links in den Fichten. Ich war sitzengeblieben, abermals totsicher, gut abgekommen zu sein, getroffen zu haben und daß der Hirsch umfallen mußte.
Wir warteten vielleicht noch zehn Minuten, dann war es so stockfinster unter den Bäumen, daß wir so oder so aufbrechen mußten.
Der Förster ging voraus, langsam, vorsichtig. Ich hinterdrein. Nach kurzer Zeit hörten wir den Hirsch vor uns brechen und schwer atmen. Sehen konnten wir nichts. Die Taschenlampe lag in der Försterei.
So leise wie es ging stiegen wir ab, vorbei am Hirsch, der da in unmittelbarer Nähe stand, vielleicht auch schon lag. Wir fanden ihn am nächsten Morgen verendet mit einem Lungenschuß.
Unglaublich, welche Kraft und Energie trotz eines solchen Schusses noch in dem Hirsch steckte. Er war den ganzen Hang herunter gekommen, im Bachbett wahrscheinlich kurz zusammengebrochen, dann wieder zu uns herauf und noch weitere hundert Meter durch die Fichten.
Mein Förster hatte übrigens unter den Bauch gefunkt in der Finsternis und vor Aufregung und den Hirsch noch nicht einmal angekratzt.
Ich freute mich über das Geweihchen und darüber, daß diese Harzer Hirschjagd doch noch einen guten Abschluß gefunden hatte.

Gleichzeitig aber war mir das Erlebnis vom Jahr vorher wieder sehr lebendig vor Augen gekommen. Der Hirsch damals hatte haargenau so gezeichnet, hatte sich fast in allen Einzelheiten nach dem Schuß verhalten wie dieser. Nur lag er eben nicht und blieb verschwunden. Was mochte da gewesen sein? Wo war damals meine Kugel abgeblieben?
Es blieb ein Rätsel.

Der Halsbandbock

In meiner Nachbarschaft verläuft der Mittellandkanal. Früher einmal waren seine Ufer mit Steinschüttungen befestigt und boten den Tieren, die den Kanal überqueren wollten oder auch einmal unfreiwillig hineingelangten, kein Hindernis. Sie konnten ohne Schwierigkeit heraussteigen.
Als aber die beidseitigen Ufer mit Spundwänden ausgerüstet wurden, deren obere Kante je nach Wasserstand einen halben bis einen Meter über dem Wasserspiegel lag, wurde der Kanal zur Todesfalle.
Rehe, Sauen, Hasen, Dachse ersoffen reihenweise, und die Proteste der Jäger, Landwirte und Tierschützer halfen nichts. Dann kam jemand auf den Gedanken, daß auch Menschen ersaufen konnten. Kinder zum Beispiel, die in den Kanal fielen. Da wurde man tätig.
Ausstiegsmöglichkeiten wurden erprobt, die in Abständen zu montieren waren. Einem Menschen, der nicht in Panik war, mochten sie vielleicht helfen, den Tieren kaum. Die würden nämlich nicht auf die Idee kommen, solange die Spundwand entlangzuschwimmen, bis sie die nächste Treppe fanden. Sie würden nach wie vor den kürzesten Weg über das Wasser wählen und dort heraus wollen, wo sie landeten.
Aber so genau wußte das keiner.
Also mußte es untersucht werden.
Ein Gutachten mußte her.
Wildbiologen wurden damit betraut. Sie sollten verschiedene Wildarten auf ihr Verhalten beim Schwimmen im Kanal testen und ausprobieren, wie sie die eine oder andere Ausstiegsmöglichkeit nutzten.
Ich hatte da nichts mit zu tun, verfolgte aber die langwierigen Versuche mit einiger Skepsis. Ein Hase, ein Reh oder sonst ein Wildtier, das sich plötzlich ins tiefe Wasser verfrachtet weiß und so schnell es geht, wieder herauszukommen versucht, ist kein sehr überzeugendes Versuchsobjekt.

Freiwillig gingen die Tiere ja nicht baden. Man mußte schon nachhelfen. Das hieß also Zwang und Schock und in den meisten Fällen auch Panik.

Ich wußte damals aber auch keine andere Möglichkeit und fand es dann doch irgendwie gut, daß man versuchte, gegen den Massentod im Kanal eine Lösung zu finden.

Für den Versuchsleiter, der als Helfer ein paar Studenten zur Seite hatte, gestaltete sich das Unternehmen auch nicht gerade einfach. Brücken über den Kanal gab es nur in größeren Abständen, und wollte oder mußte man von einer Uferseite auf die andere, dann ging es nur über die Brücke. Oder mit einem Boot. Das Boot aber störte wieder die schwimmenden Tiere. Die Tiere ihrerseits dachten meist nicht daran, an demjenigen Ufer einen Ausstiegsversuch zu machen, an dem sie ins Wasser geschubst worden waren.

Sie strebten vor den bösen Menschen davon und schwammen zur anderen Seite hinüber. Entweder landeten sie dort an der Spundwand und drohten zu ertrinken, oder sie fanden einen Ausstieg, stiegen aus und liefen davon.

In beiden Fällen mußte man also so schnell als es ging hinüber oder Aufpasser auf beiden Seiten haben.

Dann band man die Tiere an lange Leinen, um ihrer wieder habhaft werden zu können, wenn sie nicht schwammen, wie es gedacht war.

Die Leinen störten die Tiere. Sie wollten weg, die Leinen zogen in die Gegenrichtung.

So gab es einiges Durcheinander, aber der eine oder andere Versuch klappte doch, und langsam kam man ein Stück voran. Und dann kam der Tag, an dem die Ausstiegskünste mit einem zweijährigen, handaufgezogenen und damit zahmen Rehbock geprobt werden sollten.

Der Bock schwamm durch den Kanal, verlor dabei die Leine, die sich von einem breiten Lederhalsband gelöst hatte, stieg drüben geschickt aus und verschwand in der Feldmark. Damit kam die Versuchstruppe in arge Bedrängnis. Der Bock konnte einen Verkehrsunfall verursachen. Er konnte sich an seinem Halsband strangulieren. Er konnte auch den nächstbesten Menschen annehmen, respektlos, wie er war. Verantwortlich würden die sein, denen der Bock durch die Lappen gegangen war.

Meine Frage, ob sich der Bock vielleicht wieder einfangen ließ, wurde verneint.

So zahm sei er auch nicht.
Dann war aber auch nicht anzunehmen, daß er einen ahnungslosen Bauern auf dem Feld annahm und ihm sein Geweih in den Bauch rammte.
Einen Verkehrsunfall kann er aber verursachen.
Das kann jedes wilde Reh auch.
Das hat dann aber kein Halsband an.
Sehr richtig! Und das Halsband verriet den Bock als entkommenen Bock, und man würde nach demjenigen suchen, dem er entkommen war. Und der trug die Verantwortung für den Unfall.
So sah es aus, und nach allem Überlegen kamen wir zu dem Schluß, das Sicherste wäre, den Bock abzuschießen. Zur Unfallgefahr kam noch hinzu, daß das Halsband für den Bock irgendwann zur Todesfalle werden könnte, wenn er sich damit verfing und nicht mehr freikam.
„Sie kennen doch hier alle Jäger und jagen auch selbst, oder?" wurde ich gefragt, und das ließ sich schlecht abstreiten.
„Können Sie sich der Sache nicht annehmen, ich wäre sehr beruhigt", meinte der Herr Versuchsleiter, und bevor ich mich eigentlich zu einem deutlichen Ja oder Nein entschlossen hatte, verabschiedete er sich und fuhr davon, um weitere Hasen und Kaninchen in den Kanal zu schubsen.
Da hatte ich wieder einmal den Schwarzen Peter bekommen. Es war Anfang April, und die Rehe genossen die Schonzeit. Als erstes mußte ich daher den Kreisjägermeister erreichen, um eine Ausnahmegenehmigung zu bekommen.
Sobald ich ihn telefonisch festgenagelt hatte, schilderte ich das Geschehen und den Bock als mordlustiges Ungeheuer. Darauf erteilte der Kreisjägermeister ohne Zögern die Sondergenehmigung zum Abschuß.
Als nächstes verständigte ich die Jagdpächter der umliegenden Reviere und schilderte auch diesen möglichst kurz und bündig, was los war und daß sie, falls ein Bock mit einem Lederhalsband auftauchte, ihn schießen sollten.
Nur ging die Schilderung bei einigen nicht so kurz, wie ich es mir gewünscht hätte, weil sie das alles nicht so schnell begriffen.
„Einen Bock schießen, jetzt im April?"
„Ja doch, mit Ausnahmegenehmigung, weil er gefährlich ist!"

„Sie sagen, es ist ein zweijähriger Bock, der schon ganz gut aufhat? Den muß man doch aber schonen!"
„Herr, es handelt sich um einen zahmen, ausgerissenen Rehbock, der mit seinem ›Gutauf‹ ein Kind umrennen kann oder in ein Auto springen!"
„Ach so?"
„Ja, ach so. Bitte schauen Sie nach, ob der Bock sich in Ihrem Revier herumtreibt und wenn möglich, schießen Sie ihn!"
Brummel, brummel. Ich höre noch ‚Felder bestellen' und ‚andere Sorgen', dann hängt er auf.
Es kostete mich fast einen ganzen Tag, bis ich die nächsten Revierbesitzer erwischt hatte und überzeugen konnte, daß es notwendig war, diesen Bock zu bekommen. Tot oder lebendig. Dort, wo er am wahrscheinlichsten sich aufhalten würde, hatte ich Begehungsrecht, und das Gespräch mit dem Besitzer des Revieres ging am schnellsten.
„Kümmern Sie sich darum", sagte er. „Ich habe keine Zeit!" Am nächsten Tag nachmittags nahm ich meine Büchse und fuhr zum Kanal. Die Schwimmermannschaft war inzwischen abgereist.
Ich stellte mich ans Ufer, versuchte, mich in einen Rehbock zu verwandeln und dessen Gefühle nachzuempfinden. Drüben hatten sie ihn in den Kanal gescheucht. Hier war er an Land gestiegen, auf eine hundert Meter entfernte dichte Hecke zugelaufen und darin verschwunden.
Ich setzte mich in Bewegung und ging zur Hecke. Von dort blickte ich zurück zum Kanal.
Also durch den Kanal war der Bock ganz sicher nicht wieder geschwommen. Er mußte schon auf dieser Seite sein.
Hinter der Hecke kamen freie Felder, alle gut zu überschauen. Da gab es nur Hasen und einen Fasanenhahn, der seine Hennen anbalzte.
Dahinter erstreckte sich ein größeres Gebiet, in dem die Abwässer der nahen Stadt vorgesäubert wurden. Dort stand Rehwild, wie ich wußte, aber es war auch ziemlich unruhig, und außerdem stank es fürchterlich.
Trotzdem fuhr ich hin und nahm die Gegend in Augenschein. Ich ging davon aus, daß der Bock einerseits recht durcheinander sein mußte, weil alles für ihn neu war, daß er andererseits wahrscheinlich nicht allzu scheu sein dürfte und eine geringere Fluchtdistanz haben würde als seine Verwandten.

Nachdem ich das Gebiet mit eigenen Augen und mit Hilfe des Fernglases zwei Stunden intensiv durchleuchtet hatte, beschloß ich, daß hier der Bock nicht sein konnte. Da es bereits dämmerte, gab ich für diesen Tag auf. Am Abend rief der Kreisjägermeister an und erkundigte sich nach dem Stand der Dinge.
Ich erstattete Fehlanzeige und sagte, auch von den anderen Reviernachbarn hätte ich noch nichts gehört.
„Glauben Sie, daß der Bock überhaupt noch in dieser Gegend ist?" fragte mich der Kreisjägermeister.
„Ganz sicher", sagte ich.
„Wieso ganz sicher?"
„Weil er da gar nicht rauskann. Auf einer Seite verläuft der Kanal. Auf der zweiten der Stichkanal. Auf der dritten die Oker, der Fluß. Ich glaube einfach nicht, daß unser Bock demnächst noch einmal freiwillig die Bekanntschaft mit einem Wasserlauf machen will. Und auf der vierten Seite liegt die Stadt!"
„Bleiben Sie dran?"
„Ich bleibe dran?"
„Also Waidmannsheil!"
„Waidmannsdank!"
Ich war nun in Wahrheit wirklich nicht so wild auf diesen halbzahmen Rehbock. Aber ich hatte schon verlassene Kitze aufgezogen, darunter auch Böcke, und wußte, wie gefährlich sie werden konnten, wenn sie den Menschen als ihresgleichen betrachteten.
Außerdem sah ich ihn im Geiste mit seinem Halsband an einem strammen Ast hängen, die Augen verdrehen und sich strangulieren.
Wo konnte der Bock sein?
Vielleicht half mir ein Blick auf die Landschaft aus der Vogelperspektive weiter.
Ich nahm mir eine topographische Karte vor.
Die verschiedenen Wasserläufe bildeten klare Hindernisse.
Auch die Stadt mit ihren vorgelagerten Siedlungen, vielen Straßen und unruhigen Außenbezirken.
Innerhalb des Abwassergebietes war der Bock nicht. Nach Norden wurde es von einer stark befahrenen Bundesstraße begrenzt, und jenseits dieser Straße lag ein Landschaftsschutzgebiet.
Ich kannte es gut. Es gab da Wiesen und Weiden, viele feuchte Stellen, Hecken und Schilfflächen. Es war ein Überschwemmungsgebiet der

Oker, die dann noch weiter nördlich durch diese Auenlandschaft floß. Das war's vielleicht, dort konnte der Bock sich eingestellt haben! In dieser Jahreszeit herrschte weitgehend Ruhe im Flußtal. Die Wiesen waren sehr naß, Weidevieh wurde noch nicht ausgetrieben. Landwirtschaftliche Felder fehlten ganz. Wenn ich ein Reh wäre, dachte ich mir, dem man übel mitgespielt hatte, das nichts als seine Ruhe haben wollte, dem der Gestank im Abwassergebiet in die Nase stach und der Betrieb dort, dann würde ich machen, daß ich über die Straße hinüber ins Schilf kam.

Am nächsten Nachmittag schien die Sonne. Nach dem Dienst stieg ich in meine Jagdkluft und ins Auto und nahm meinen Hund mit. Mit der vielbefahrenen Bundesstraße in nächster Nähe konnte ich nicht riskieren, einen unter Umständen angeschossenen Bock lange herumlaufen zu lassen. Mein Hund, eine Deutsch-Langhaar-Hündin, fing kranke Rehe fast so schnell und sicher wie kranke Hasen.

Das Auto stellte ich an der Einfahrt zu einem Feldweg ab, nahm Büchse, Glas und Hund und pirschte los.

Sobald ich die ersten Buschreihen hinter mir hatte, wurde der Lärm von der Straße her leiser. Zwei Kiebitzpaare, die schon brüteten, empfanden mein Auftauchen als Störung, flogen mich an und warnten. Das konnte ich zwar nicht brauchen, verhindern ließ es sich nicht. Ich schlug eine andere Richtung ein, und sofort beruhigten sich die Beschopften, zogen sich zurück und landeten bald in der Umgebung ihrer Nester.

Wohin ich genau wollte, wußte ich nicht. Es gab viele Möglichkeiten für einen Bock, sich hier zu verstecken. Manche Schilfecken waren nur klein, darin würde er kaum sein, andere dehnten sich hundert Meter und mehr in die Länge und Breite. War der Bock dort drinnen, und ich ging durch das Schilf hindurch, sprang er vermutlich von mir unbemerkt in irgendeine Richtung ab.

So ließ ich diese größeren Schilfgebiete erst einmal liegen, pirschte nur schrittweise voran und suchte die Gegend immer wieder mit dem Glas ab. Ich entdeckte zwei weibliche Rehe und einen Bock, der schon gut geschoben hatte. Ein Halsband trug er allerdings nicht. Diese drei waren weit entfernt, lagen am Rande eines Birkenwäldchens in der Sonne und genossen ganz offensichtlich die Wärme. Der Bock schaute in meine Richtung, aber bei dem großen Abstand blieb er sitzen. Menschen, Spaziergänger oder Landwirte, waren auch in diesem abgele-

genen Teil des Reviers nicht so sehr selten. Außerdem war das Wild durch die Straßennähe sowieso an Betrieb gut gewöhnt.
Ich schlug aber doch wieder einen Haken und pirschte von den Rehen weg. Vor mir lag jetzt ein kleines Weidendickicht mit spärlichem Schilfbestand, ein verwachsenes, verwunschenes Fleckchen Land, das unberührt geblieben war von jeglicher Nutzung, Rodung oder Korrektur.
Auf weniger als zwanzig Meter war ich an den Rand des Dickichts herangekommen und stutzte.
Da schimmerte etwas Weißliches durch Äste, Zweige und Schilf. Das Glas verriet es mir, es war der Spiegel eines Rehes, von dem selbst kaum mehr als ein bißchen braungraues Winterfell zu erkennen war. Etwas in mir signalisierte äußerste Vorsicht. Der Wind war gut und blies mir leicht ins Gesicht, aber es schien sehr unwahrscheinlich, daß das Reh mich noch nicht entdeckt haben sollte mitsamt meinem Hund. Und wieso stand es dann noch und flüchtete nicht?
Ich pfiff ganz leise vor mich hin. Das Reh machte zwei, drei Schritte im Verhau und stand wieder. Und dann sah ich das Halsband und auch das Geweih, das noch größtenteils im Bast war. Nur die Spitzen der Enden waren gefegt und blank. Hier also hatte sich der Halsbandbock eingeschoben oder besser das Halsbandböckchen. Mehr war's ja noch nicht.
Und ich stand ihm auf ein paar Meter gegenüber.
Ich hatte keine guten Gefühle. Schon überhaupt nicht. Hätte ich mich doch auf diese Sache von Anfang an nicht eingelassen. Ich kam mir, ich glaube zum ersten Mal in meinem Jägerleben, als Killer vor, als Mörder, als mieser Totschießer.
Es ist halt schon ein Unterschied, ob man auf ein scheues, vorsichtiges Wild den Finger krumm macht, das seine Chancen ja hat, oder auf ein halbzahmes und durch die plötzliche Freiheit verunsichertes Wesen. Es sollte jetzt schnell gehen.
Auf ein Handzeichen hin machte mein Hund Platz. Die Leine legte ich neben ihn. In dem Gewirr von Ästen, die den Bock fast gänzlich verdeckten, wollte ich keinen Schuß anbringen. Ich pfiff noch einmal und machte einen Schritt vor. Der Bock machte drei kurze Sprünge aus dem Dickicht heraus und stand frei vor mir. Daß er sich umschaute und mich ansah, machte alles nicht leichter. Ich nahm das Gewehr hoch und schoß, und der Bock fiel in sich zusammen und war auf der

Stelle tot. Ich ging die paar Schritte hin, hockte mich neben ihn auf den Boden, und wenn sonst Totenwache und Hut-ab-zum-Gebet schon überhaupt nicht meine Sache ist, hier mußte ich doch eine Weile mit mir ins Reine kommen und meine Gefühle ordnen, bevor ich ans Aufbrechen und Versorgen gehen konnte. Zuletzt nahm ich ihm das breite Lederhalsband ab, das ihm ja letztlich zum Schicksal geworden war. Denn wer hätte ihn ohne diesen zweifelhaften Schmuck sicher identifizieren können?

Dieses Halsband hängt heute an der Trophäe. Aber das Wort Trophäe geht mir in diesem Fall schwer über die Lippen und auch schwer hier in die Tasten meiner Schreibmaschine. Es blieb, den Jagdpächter zu verständigen und die umliegenden Pächter und natürlich auch den Kreisjägermeister. Sie schienen allesamt erleichtert, daß der Bock zur Strecke und die Geschichte zum Abschluß gekommen war.

Am meisten Erleichterung zeigte dann der Versuchsleiter, der den Bock hatte fortlaufen lassen, und er erging sich am Telefon wesentlich länger in überflüssigen Danksagungen, als er ein paar Tage zuvor gebraucht hatte, um mir die Sache anzuhängen.

Übrigens bot mir der Jagdpächter noch an, den Bock zu behalten und für mich zu verwerten. Als kleines Dankeschön gewissermaßen.

Da hängte ich ihn abends stillheimlich an seine Haustür.

Der Wastlfuchs

Die Geschichte, die ich hier berichten will, habe ich nicht selbst erlebt. Mein Onkel hat sie angeblich erlebt, obwohl der, wie ich einmal erfuhr, im Nacherzählen und Flunkern auch nicht schlecht gewesen ist.
Er erzählte sie mir, als wir in seinem Salzburger Bergrevier einen halben Tag lang oben in den Felsen lagen und auf Gams warteten.
Wir hatten es uns auf einem Wiesenstreifen oberhalb einer Felswand gemütlich gemacht und schauten über die Wand hinunter in ein Kar. Dort, so hoffte mein Onkel, würden die Gemsen im Laufe des Tages vorüberziehen.
Über uns kreisten die Alpendohlen, sogar ein Steinadler ließ sich einmal kurz blicken. Zu dieser Zeit wurden Steinadler allerdings noch gejagt, und deshalb machte der große Vogel auch schleunigst kehrt, als er uns entdeckte.
Es ist lange her, ich war noch ein Bub damals, vielleicht dreizehn oder vierzehn Jahre alt und fand diesen Ausflug mit meinem Jägeronkel unheimlich spannend und aufregend. Wir schienen die einzigen Menschen auf dem Berg zu sein außer dem Almwirt und seiner Sennerin in der Hütte weit hinter uns.
Wir hatten da Mittagsrast gemacht, dem Onkel gefiel wohl die Sennerin, denn er blieb eine ganze Weile in der Küche bei ihr. Das war mir damals aber nicht weiter aufgefallen, mich hatten die Alpenbraunellen, die Bachstelzen und die Alpendohlen zu dieser Zeit noch weit mehr interessiert. Als wir dann auf der Wiese lagen, uns den noch lauen herbstlichen Wind über die Rücken streichen ließen und unsere Köpfe über die Wand hinausschoben, um besser sehen zu können, müssen mir irgendwelche Gedanken durch das Hirn gegangen sein, die sich um die gefährlichen Seiten des Jagens drehten.
Mag sein, daß der Wilderer daran Schuld war, den sie ein paar Tage zuvor in einer der Nachbarjagden erwischt hatten und dem beim

Schußwechsel mit dem Jagdaufseher eine Kugel ins Bein gegangen war.
Jedenfalls fragte ich meinen Onkel, wie das denn sei, mit dem Schießen, dem Schießen mit der Kugel vor allem. Ob die Kugel, wenn man eine Gemse oder ein Reh vorbeischoß, dann nicht weißgottwohin fliegen könnte und irgendeinen ahnungslosen Spaziergänger oder Holzfäller treffen. Hier oben bestünde ja kaum diese Gefahr, aber unten im Tal und in der Ebene, wo viel mehr Leute durch die Gegend liefen, wäre so etwas doch wohl möglich.
Daraufhin bekam ich eine Lektion über den Umgang mit Waffen im allgemeinen und beim Schießen im besonderen. Sicherlich müsse man immer sehr genau aufpassen, daß eine Kugel oder eine Ladung Schrote hinter dem Wildkörper nicht mehr weit fliegen könne, was bei einem Schuß von oben nach unten, in hügeligem Gelände oder im Wald ja auch so sei.
Aber er, so erzählte mein Onkel, wäre beinahe selbst einmal in die Lage gekommen, einem Menschen eine Schrotladung zu verpassen und das ohne jedes eigene Verschulden.
Natürlich spitzte ich die Ohren und wollte diese Geschichte unbedingt hören.
Und mein Onkel ließ sich nicht lange bitten.
Du kennst doch den Wastl, der in der kleinen Hütte unten am See gelebt hat mit seiner Frau, die ausschaut wie eine alte Hex' . Er ist ja schon ein paar Jahre tot, aber erlebt hast du ihn noch.
Das war ein rechter Schlawiner. Geld hat er nie gehabt, aber gesoffen hat er um so mehr, und wenn er sich mit Holzhacken oder dem Ausräumen von Odelgruben manchmal ein paar Groschen verdiente, dann waren die am Abend im Wirtshaus gleich wieder im Bier und Schnaps ertrunken.
Der Wastl war auch nicht wählerisch mit dem Essen und hat alles in sich hineingestopft, was es gab. Im Krieg und danach, als es fast nichts zu essen gegeben hat, da haben ihm Eichkatzln, Bisamratten und Füchse genau so gut geschmeckt wie Hasen und Rehe.
Ich bin sicher, daß der Wastl auch Fallen gestellt hat und Schlingen, zumindest um seine Hütte herum, aber es hat ihn nie einer dabei erwischt.
Blöd war der Wastl nämlich nicht, der war mordsmäßig schlau und gerissen. Er hat sich nur meist recht blöd gestellt, weil er genau

gewußt hat, daß die Leute dann mehr Mitleid mit ihm haben und etwas zustecken. Aber wenn der Wastl auch alles zusammengefressen hat, was einer sonst nur anrühren würde, wenn er fast am Verhungern ist, so hat es doch etwas gegeben, wofür er Haus und Habe mitsamt seiner alten Hexe verkauft hätte, und das war Gänsebraten. Leider aber konnte sich der Wastl Gänsebraten nicht leisten, und nur in der Weihnachtszeit gab ihm eine mitleidige Seele vielleicht einmal ein Stück vom Festbraten ab.

Einmal ist er zu mir gekommen, weil er gewußt hat, daß ich ein paar Tage nach Ungarn fahren will zur Enten- und Gänsejagd und hat sich hingekniet und gebeten, ich soll ihm doch ein Gansl mitbringen, eins nur, nur ein einziges. Er würde auch den ganzen Winter für mich Holzhacken und im nächsten Frühjahr die Versitzgruben ausheben. Und wenn's damit noch nicht genug wäre, wollte er mir auch einen guten Hirsch ausfindig machen am Schafberg droben, weil der Herr Doktor doch immer nur so wenig Zeit hätte für die Jägerei.

Natürlich hab' ich dem Wastl seine Gans mitgebracht, und er hat sich unbandig gefreut und Holz gehackt wie ein Verrückter, und die Versitzgrube war im Frühjahr darauf so blank wie ein Wasserfaß. Nur den Hirsch hat er nicht gefunden, aber das war mir ganz lieb, denn mit dem Wastl in meinem Revier hatte ich so meine Bedenken.

Ich glaube die Gans hat er sich fast ein viertel Jahr über eingeteilt. Er hat mir jedenfalls noch lange immer wieder erzählt, wie gut der Haxen oder der Hals oder sonst ein Stück von der Gans wieder geschmeckt hat. Zum Schluß muß das schon ziemlich verstunken gewesen sein. Aber, wie gesagt, der Wastl war da nicht wählerisch.

Dann sind die Jahre so dahingegangen, der Wastl ist immer älter geworden und immer versoffener. Richtig arbeiten hat er deswegen auch nicht mehr können, und damit sind auch mehr und mehr die milden Gaben von anderen Leuten ausgeblieben.

Mein Onkel machte eine Pause, trank einen Kaffee aus der Thermosflasche und stopfte sich dann seine Pfeife. Das war eine dieser geschwungenen Pfeifen mit einem Deckel über dem Pfeifenkopf und Löchern darin, wie bei einem Salzfaß. Ihr großer Vorteil war, daß man sie beim Pirschen und sogar beim Aufbrechen eines Stück Wildes im Mund behalten konnte, ohne daß der glühende Tabak herausfiel und den Wald in Brand steckte. Andererseits blieb er bei Regen ziemlich lange vor Nässe geschützt.

Ich drehte mich derweil vom Rücken auf den Bauch und warf einen Blick hinunter ins Kar. Dort war es aber nach wie vor ruhig, keine Gemsen zu sehen weit und breit, und mein Onkel konnte mit dem Erzählen fortfahren.

Weißt du, sagte er, der Wastl war nicht so versoffen, daß er nur mehr herumgetorkelt ist und geschlafen hat, zwischendurch hat er durchaus noch seine klaren Tage gehabt. Jedenfalls kam dann der Sommer, in dem es dem Fichtlbauer, der in dem schönen, breiten Seitental seinen Hof hat mit der Mühle ganz hinten im Tal am Bach, eingefallen ist, daß er neben seinen Kühen und Schafen eigentlich auch einmal ein paar Hühner, Enten und Gänse halten könnte.

Das war in dieser Gegend noch nicht so sehr üblich, weil die Bauern genug Mühe hatten mit dem Großvieh, der Heuernte und den strengen Wintern. Aber der Fichtlbauer, dem der Bach direkt neben dem Hof vorbeifloß, hat sich einen kleinen Teich ausgegraben, den Bach da hineingeleitet und hat sich ein paar Küken aus der Stadt geholt. Die gediehen dann auch prächtig, und im Spätsommer liefen einige muntere Hühner auf den Wiesen um den Hof, und so an die zwanzig Gänse und Enten haben den kleinen Teich bevölkert.

Futterkosten hat der Fichtlbauer kaum gehabt, die Vögel haben genug gefunden draußen, und so um Weihnachten herum wollte er sie dann verkaufen.

Aber dann hat auf einmal fast jede Nacht ein Huhn oder eine Gans gefehlt. Der Fichtlbauer ist zu mir gekommen und hat gesagt: „Herr Doktor, da muaß a Fuchs oder a andres Luada umgahn und meine Viecha fressn. Kennans net amoi vorbeischaun und passn, vialleicht sehgns den Krippi und kennans eam daschiaßn."

Ich habe gerade ein paar freie Tage gehabt und wollte eigentlich auf den Berg und auf meine Jagdhütte, um nach den Hirschen zu schauen, aber weil der Fichtlbauer ein grundanständiger Kerl gewesen ist und mir schon oft geholfen hat beim Aufstellen von Hochsitzen, hab ich ihm versprochen, daß ich mich am Abend einmal bei seinem Hof ansetzen werde.

Das habe ich dann auch getan, und tatsächlich ist spät am Abend ein Fuchs aus dem Wald herausgekommen und zum Teich hergeschnürt. Der Wind war aber schlecht, der Fuchs hat mich mitgekriegt, hat kehrt gemacht und ist wieder hinein in den Wald.

Ich wußte, daß etwas hangauf ein alter Fuchsbau ist, gut versteckt zwischen Felsbrocken, ein uralter Bau, den mein Vater schon gekannt hat.

Dort mußte auch noch eine kleine Leiter stehen auf die ich mich, wenn sie nicht unter mir zusammenbrach, setzen konnte und auf den Fuchs passen, wenn er zurückkommt. Zwei Tage später, es war Vollmond, bin ich ganz vorsichtig und leise zu der Leiter gepirscht. Der Fuchs mußte eigentlich schon ausgefahren und auf Raubzug gegangen sein. Ganz vorsichtig bin ich die Leiter hinauf. Die hat's auch ausgehalten. Kein Zweig hat geknackt und kein Blatt geraschelt. Und die Leiter hat auch nicht gequietscht. Dann hab ich gewartet.

Auf einmal hat's hinter den Felsbrocken gehustet und geschnauft wie von einem Dachs. Und weil ich gewußt hab, daß auch oft Dachse in dem Bau waren, hab ich mir halt nur gedacht, da schlieft ein Dachs aus einer Röhre hinter den Felsen, oder es kommt einer nach Hause und sonst nichts anderes vermutet.

Ja und dann sehe ich unten über die mondhelle Wiese etwas Langes, Dunkles laufen, das vor sich her einen ebenso dunklen Brocken trägt. Da kommt der Fuchs!

Ich hab die Flinte hochgenommen, und gleich darauf ist ein Mordstrum von Fuchs den Hang herauf zum Bau. Im Fang hat er eine Gans gehabt und wie er noch zehn, fünfzehn Meter vom Bau weg ist, hab ich geschossen, zweimal, damit's ihn auch ganz sicher erwischt.

Den Fuchs hat's vor dem Bau hingestreckt neben die tote Gans. Im selben Moment schreit einer zwischen den Felsbrocken heraus: „Net schiaßn, net schiaßn, jessas Maria, i bins ja bloß, der Wastl!"

Mir ist der Schreck durch und durch gefahren, ich bin die Leiter runter, und da stolpert der Wastl schon auf mich zu und jammert und schreit wieder: „Net schiaßn, i bin's, da Wastl. Jessas, da Herr Dokta", sagt er dann ziemlich kleinlaut, wie er vor mir steht und mich erkennt, „ja Gott sei Dank, daß Sie des san, i hob scho gmoant, da Jagdaufseher is und daschiaßt mi auf da Stöll!"

Ich hab erst einmal den Wastl genau ang'schaut, ein Gewehr hat er nicht in der Hand gehabt, dann den toten Fuchs und die Gans und hab ihn gefragt, was er da macht mitten in der Nacht und mitten im Wald am Fuchsbau. „Mei", sagt der Wastl, „der Fichtlbauer hat ma azöit, daß eam a Fuchs die Gäns und die Antn furthoid, na hab i ma denkt, hockst di am Bau hi und wartst, bis da Fuchs mit am Gansl daherkimmt. Nachat schreist recht laut, damit der Fuchs des Gansl hischmeißt. Na packstas und gehst hoam!" Du kannst dir denken, sagte mein Onkel, daß ich mir das Lachen fast nicht verkneifen konnte, aber auf der anderen Seite hat mich immer noch der Schreck gebeutelt, denn meine beiden Schüsse sind genau in die Richtung gegangen, wo der Wastl gelauert hat. Ich hätte ihm ganz leicht die ganze Ladung draufjagen können.

Natürlich habe ich meinen Onkel gefragt, was er mit dem Wastl gemacht hat, und wie die Geschichte dann ausgegangen ist.

Er hat gesagt, na ja, ich hab den Wastl am Kragen gepackt und ordentlich gebeutelt, er war ja nur eine halbe Portion. Ich hab ihm ins Ohr geschrien, weil er schon halbtaub gewesen ist, „du damischer Hansl, ich hätt' dich um ein Haar derschoss'n. Und wenn ich dich noch einmal erwisch im Wald, dann schieß ich dir nicht mehr vor die Füß', dann brenn ich dir eine auf die Füß' oder auf deinen Hintern, kapiert!" Der Wastl hat's mir hoch und heilig versprochen, daß er nie nimmer in der Nacht im Wald herumrennen oder hocken wird.

Und dann hat das Schlitzohr mich doch treuherzig angeschaut und mich gefragt: Und was mach ma nachat jetzt mit dem Gansl?" „Nimm dir's, du Saubatzi", hab ich gesagt, „Nimm dir's und schau, daß du heimkommst. Verdient hast du's nicht, aber dafür, daß du da jetzt neben der Gans und dem Fuchs liegen könntest, dafür gönn' ich's dir dann noch einmal. Aber der Fuchs gehört mir. Erst, wenn ich ihn abgezogen hab', kannst ihn haben. Du frißt ja eh alles z'samm!"

Der Wastl hat noch irgendetwas wie „Vergelt's Gott, Herr Dokta" gemurmelt, hat die Gans am Hals gepackt und ist durch die Büsche davon.

Ich habe mir meinen Wastlfuchs über die Schulter gehängt und bin auch nach Hause gegangen.

Ja, und siehst du, so schnell kann es manchmal kommen, daß man einem eine draufbrennt, ohne daß man auch nur eine leise Ahnung davon hätte.

Ob diese Geschichte meines Onkels vom Wastlfuchs nun so ganz und gar der Wahrheit entsprochen hat oder nicht, das weiß ich nicht und das habe ich auch nie erfahren. Aber möglich gewesen sein kann sie schon, und das reicht ja aus, um sie aufzuschreiben.

Der Reinhardhecht

Es mag 1959 gewesen sein, als Reinhard mich in den Sommersemesterferien am Wolfgangsee besuchte.
Zehn Jahre vorher waren wir beide die einzigen Neulinge gewesen, die an der Universität Graz mit dem Studium der Zoologie anfingen. Ich sehe noch genau vor mir, wie ich ziemlich verschüchtert durch die neue Umgebung und die Ehrfurcht gebietenden Gemäuer der Universität und des Hörsaales verklemmt an einem Ende einer langen Bank saß und auf das Erscheinen des Professors wartete. Auf der anderen Bankseite hatte ein fast ebenso verschüchterter Student Platz genommen. Auf meine Frage, ob er auch neu sei, sagte er ja.
Damals begann eine lange Studienfreundschaft in einer Zeit, in der das Studium noch so ganz anders verlief als heute. Die Hörsäle waren noch nicht überfüllt, man hatte Zeit und Muße zu studieren, konnte auch in andere Fächer einmal hineinhören und das studium generale mit seinem reichen Angebot wahrnehmen. Nichts drängte, nichts eilte, numerus clausus war unbekannt, vor allem aber hatte man die Gewißheit, nach bestandenen Prüfungen eine Stelle zu bekommen, falls das Prüfungsresultat nicht gar zu schlecht ausfiel.
Reinhard war ganz entschieden der eifrigere Student von uns beiden und steckte seinen Kopf wesentlich öfters in die Bücher. In der gemeinsamen Freizeit aber heckten wir manche Streiche aus und genossen unser junges Studentenleben.
Reinhards Vater war Polizeibeamter bei der Kripo, soweit ich mich erinnere, und Reinhards Mutter bereitete die besten Kuchen zu in dieser Zeit und braute den köstlichsten Tee.
Und im Sommer verbrachten wir fast in jedem Jahr ein, zwei Wochen gemeinsam in Österreich, auch, als ich von Graz schon an die Universität in München gewechselt war. So war er auch jetzt wieder angekommen und nach den ersten Stunden des Erzählens überlegten wir, welchen Schwerpunkt der Urlaub in diesem Jahr bringen sollte.

Nun wissen die jüngeren Leser sicher nicht mehr, daß es unter den Zoologiestudenten dieser Fünfzigerjahre eine ganze Reihe von Anhängern — Fans heißt das heute — von Hans Hass gab, der das freie Tauchen mit Gummiflossen und Brille erfunden hatte, sich die meiste Zeit in irgendwelchen warmen Meeren aufhielt und die ersten guten Unterwasserfotos veröffentlichte.

Auch Reinhard und ich gehörten zu diesen Hassjüngern, Reinhard war nicht ganz so versessen auf die Taucherei, weil er in den kalten österreichischen Seen noch schneller zitterte und fror, als ich. Leider konnten wir es uns ebensowenig leisten wie viele andere, zum Tauchen ans Rote Meer zu fahren oder auch nur an die Adria.

Also mußten für unsere Unterwasserexpeditionen Teiche, Flüsse und Seen herhalten, und ich kann sagen, daß wir den elterlichen Mittagstisch in jener Zeit um so manche Schleie und manchen Karpfen bereicherten. Die Fische hatten wir mit selbstgebastelten Harpunen gejagt, wobei wir uns nie ganz sicher waren, ob wir damit mit dem Gesetz in Konflikt kommen konnten. Heute wäre dies ganz sicher der Fall. Das Angeln mit der Schnur, dem Haken und einem Köder daran, war nie meine große Leidenschaft gewesen. Da konnte man selbst wenig tun. Da ließ man den Wurm im Wasser baumeln und konnte nur hoffen, daß der Köder durch Zufall von einem Fisch entdeckt wurde, dem natürlich rundum in einem gesunden Gewässer der Tisch reichlich gedeckt war.

Beim Jagen mit der Harpune aber mußte man tauchen, die Fische anpirschen wie ein Wild oben im Wald und sehr geschickt hantieren, damit man zum Ziel kam.

Wir beschlossen also, in den Ferien unsere Zeit den Fischen zu widmen, sie unter Wasser zu beobachten und auch zu jagen. Viel Erfolg bei Letzterem versprachen wir uns allerdings nicht, denn an den Uferregionen des Wolfgangsees gab es außer fingerlangen Barschen und etwas größeren Döbeln nicht viel, das der Nachstellung wert gewesen wäre.

Immerhin brachte ich an einem der nächsten Tage einmal eine vielleicht vierzig Zentimeter lange Seeforelle an die Oberfläche, die sich im Mündungsbereich eines Baches am Grund zwischen die Steine gelegt hatte. Sie blieb dort auch liegen, als ich heranschwamm und ließ sich ohne Umstände harpunieren. Vielleicht war sie krank.

Reinhard kam dann von einem Tauchausflug unter dem Bretterboden einer Schiffhütte mit einem knapp daumengroßen Flußkrebs herauf und war über diese Beute unheimlich stolz. Wir betrachteten den Krebs mit der Neugier und Ausdauer angehender Naturwissenschaftler und entließen ihn dann wieder in den See.

Eines schönen Sonnentages lagen wir am Badesteg und ließen uns trocknen und wärmen. Ein Vetter von mir, für ein paar Tage auf Besuch, kam dazu und zeigte uns seine Spinnrute, die er an einem See in Kärnten für den Hechtfang gekauft hatte.

Ich hatte mit so einem Ding noch keinen Umgang gehabt, war aber neugierig, wie es funktionierte.

So bat ich meinen Vetter, die Rute ausprobieren zu dürfen und er überließ sie mir.

Zunächst warf ich den Blinker vom Steg aus in den See und zog ihn mit Hilfe der Radspule wieder ein. Das war ja eine ganz einfache Angelegenheit. Nur würden so nahe am viel benutzten Steg ganz sicher keine Hechte stehen. Es gab sowieso nur ganz selten größere Hechte in diesem Teil des Sees, weil Schilf und andere Wasserpflanzen fehlten. Ich fragte Reinhard, ob er Lust hätte, ein Stück mit dem Boot hinauszufahren, und da er eifrig zustimmte, holte ich ein Boot aus der Hütte, und wir ruderten los.

Reinhard ruderte. Ich warf den Blinker. Mal rechts, mal links, mal nach hinten.

Nun muß ich an dieser Stelle sagen, daß ich bis dahin noch keinen einzigen Hecht gefangen hatte, einerseits, weil ich es eben noch nie ernsthaft versucht hatte, andererseits, weil es eben kaum Hechte gab.

Das Werfen und Einholen des Blinkers allein war schon ganz spannend und übertrug in gewisser Weise eine einschläfernde Ruhe auf mich. Das Rad sirrte leise beim Drillen, die Sonne schien so schön warm, und mein Freund schwang die Ruder. In diesen Ferientagsfrieden hinein fragte Reinhard mich plötzlich:

„Sag mal, hast du eigentlich einen Angelschein?"

„Nein, ich habe noch nie in meinem Leben einen Angelschein gehabt!"

„Aber wenn du da angelst, brauchst du doch einen Angelschein!"

Der Polizistensohn brach durch.

„Ich angle hier schon seit eh und je und mich hat noch nie einer nach einem Angelschein gefragt!"

Sagte ich und drillte weiter.
„Im übrigen wohnt dort drüben in dem kleinen weißen Haus am Ufer der Dorfpolizist", sagte ich.
Reinhard schrak zusammen und starrte auf das kleine weiße Haus.
„Bist du narrisch, und wenn der uns sieht?"
„Soviel ich weiß, sieht er nicht recht gut. Außerdem kenn' ich den schon seit meiner Zeit in Windeln!"
Aber Reinhard schien überhaupt nicht beruhigt.
„Wir fangen doch eh nix!"
Das nun schien ihn etwas zu beruhigen, denn wir waren schon eine halbe Stunde mit dem Boot auf dem See, ohne auch nur einen Fisch gesehen zu haben.
Schließlich kamen wir zu einer Stelle, die der ›seichte Fleck‹ hieß, weil der Seegrund bis auf ein, zwei Meter unterhalb der Wasseroberfläche anstieg. Jedes Jahr rammten hier einige seeunkundige Segler mit ihrem Kiel auf Grund und blieben stecken.
Ich meinte, hier könnten wir einmal das Boot treiben lassen. Und Reinhard zog die Ruder ein.
Ich drillte so vor mich hin, rammdösig und sonnenmüde.
Gerade noch hatte ich ein Stück Schnur eingeholt, als nichts mehr ging.
„Verdammt, jetzt häng ich fest", sagte ich. „Wahrscheinlich an einem Felsblock da unten!"
Reinhard beugte sich über den Bootsrand, um den Weg der Schnur unter Wasser feststellen zu können. Ich zog und hieb mit der Rute, um den festsitzenden Blinker vielleicht zu lockern.
Auf einmal riß es mir die Rute fast aus der Hand und die Schnur ging ab.
„Da ist was dran", sagte ich, und Reinhard wurde blaß. Ohne zu wissen, wie ich mich nun verhalten sollte, ließ ich die Sache auf gut Glück laufen, ließ die Schnur laufen, bis der Zug nachgab und drillte dann wieder ein.
Das ging so eine Weile.
Reinhards Kopf ging zwischen meiner Angel und dem kleinen weißen Haus am Ufer hin und her. Sehr weit weg war es nicht. „Bist deppert", schnaufte er, „schmeiß die Angel weg!" „Ich kann doch die Angel von meinem Vetter nicht über Bord schmeißen, außerdem ist was dran!"
„Na eben, na eben! Der Polizist!"

Also *der* scherte mich nun schon überhaupt nicht. Zum ersten Mal in meinem Leben hatte ich offenbar ein größeres Seeungeheuer am Haken, und Reinhard führte sich auf, als wäre ich kurz vor einem Raubmord.

Er wurde richtig fuchtig. „Schneid' die Schur durch! Du wilderst ja! Mein Vater..."

Da hatten wir's, sein Vater, der Kriminaler! Wie ich ihn kannte, hätte er sich totgelacht.

Ich hatte gar kein Messer dabei, um die Schnur durchzuschneiden und hätte sie auch nicht durchgeschnitten, wenn ich einen Säbel gehabt hätte.

„Mensch, reg dich ab", sagte ich, „du mußt mir wahrscheinlich gleich helfen. Was immer da hochkommt, müssen wir über Bord hieven. Einen Kescher haben wir nicht, wie du siehst!"

Jetzt war es ganz aus.

„*Ich* rühre nichts an, nicht ich! Mach, was du willst, aber zieh mich da nicht hinein!" Und wieder der Blick hinüber zum weißen Haus am Ufer. Dort bewegte sich nichts. Wahrscheinlich schlief der Dorfpolizist den Schlaf des Gerechten.

Noch einmal sauste die Leine davon und das Rad schnurrte wie verrückt. Aber dann merkte ich, daß der Gegenzug nachließ und ich mehr und mehr Schnur einholen konnte.

Nur noch schwache Versuche auf der Gegenseite.

Mir wurde heiß, und die Spannung nahm zu. Ich vergaß Reinhard und seine Polizistenherkunft fast völlig.

Er hatte auch aufgehört zu zetern und sich scheinbar in sein Schicksal ergeben.

Ich drillte sachte aber mit stetigem Zug. Viel Schnur konnte nicht mehr unter Wasser sein.

Und dann sah ich den Hecht.

Ein ganz schöner Bursche, armlang sicher. „Paß auf, da kommt er hoch", sagte ich zu Reinhard, aber der hielt sich die Augen zu und murmelte irgendetwas von Wilderei, Fischwilderei und Gefängnis auf Bewährung, wenn nicht schlimmer.

Der Hecht war oben und hatte genug. Auf die Hilfe meines Freundes konnte ich nicht rechnen. So zog ich mit der Angelrute, griff mit der rechten Hand dem Hecht hinter den Kiemendeckel und zerrte ihn über die Bootswand.

Da lag er und zappelte und konnte vom Ufer aus gar nicht mehr gesehen werden.
Reinhard zog seine nackten Füße ein.
„Rudern wir nach Hause", sagte ich, „komm, mach schon!" Er wollte aber nicht rudern. Nicht ein Boot, in dem ein gewilderter Fisch lag.
Also ruderte ich selbst. Ich war stolz wie sonst wer. Mein erster Hecht. Und gewildert dazu. Das zählt ja mindestens doppelt.
Muß ich noch sagen, daß er, der Hecht, prächtig gemundet hat. Daß Reinhard keinen Bissen davon hinunterbrachte und sich damit entschuldigte, daß ihm einmal beim Fischessen eine Gräte im Hals gesteckt hatte. Er wäre daran fast gestorben.
Und wenn er auch noch ein paar Tage gebrummt und gemurrt hatte und das Seeufer mied wie die Pest, so hat die Geschichte unserer Freundschaft letztlich nicht geschadet. Im Gegenteil, später war sie Teil mancher fröhlichen Erinnerungen.

Ende eines Zaubers

Vor kurzem kam ich wieder einmal nach Wien. Kurzbesuch bei der Tochter.
Herbst lag über dem Land, und der Neusiedler See war nicht weit weg.
Vor dreiunddreißig Jahren hatte ich zuletzt den Neusiedler See besucht.
Ich wollte die Gegend dort, in der ich herrliche Wochen und Monate mit der Beobachtung von Vögeln verbracht hatte, wiedersehen.
Ich hätte es bleiben lassen sollen.
Damals in den fünfziger Jahren war der See und besonders der Seewinkel mit seinen flachen Wasserflächen, den Laken, und seinen Pußtaresten der hinterste Winkel der Welt gewesen. Wenn sich ein paar Wiener oder Fremde dorthin verirrten, so blieben sie schon in den Weinstuben der ersten Dörfer hängen. Boote gab es kaum, nur die der Einheimischen und Fischer, Freizeittrubel sowieso nicht. Da unten, im Seewinkel, zogen sich die Straßen und Feldwege staubig oder matschig durch das Land, je nach Wetter. Die Kinder pantschten in den Straßengräben, fingen Frösche oder trieben die grauweißen Gänse auf die Weide.
Und Vögel überall, vom Säbelschnäbler bis zum Haussperling, vom Löffler bis zur Stockente.
Jeden Tag, ja fast jede Stunde entdeckte das Auge des Ornithologen Neues. Von morgens bis abends lag ich entweder gut getarnt in einem der vielen Maisstrohhaufen oder wanderte zwischen Wasser, Schilf und Steppen umher, suchend, schauend, staunend und lernend.
Nichts störte dabei, die Hirten und Bauern waren die Einzigen, die man traf. Vielleicht einmal ein Kollege oder jedenfalls auch ein Vogelfreund, dem man dann zeigen konnte, wo die eine oder andere Art gut zu beobachten war, weil man selbst schon besser Bescheid wußte.
Die Einheimischen hatten anfangs ein wenig gestaunt über den Studierten, der sich in ihre Gefilde verirrte, ihn aber bald aufgenommen

als einen der ihren, wenn auch ein wenig spinnert vielleicht, aber doch nicht gefährlich.

Freilich nahmen sie wahr, was anderen Ortes sich tat, hörten vom Fremdenverkehr, vom schnellen Geld. Nur dauerte es seine Zeit, bis das aufkeimende sogenannte Wirtschaftswunder seine Fühler bis in die entlegenen Ecken und Bauernstuben stecken konnte. Solange es Wein in den Kellern gab und die dickbäuchigen Fässer nicht leer wurden, solange sich die Schweine und Kühe auf der Pußta die Mägen füllen konnten, und Gänse und Enten und Hühner sich von selbst vermehrten, war die Welt noch in Ordnung.

Das Wort Naturschutz wurde noch klein geschrieben. Sie brauchte auch eigentlich nicht geschützt zu werden, die Natur, in jener Zeit. Sie hielt sich gut selbst im Gleichgewicht, und keiner brauchte an ihr herum zu manipulieren, zu korrigieren.

Zu pflegen brauchte man damals die Natur auch noch nicht. Sie pflegte sich selbst am besten.

Und doch kam irgendjemand auf die Idee, einen Aufpasser in den Seewinkel zu schicken, der den Vogelbeobachtern ein wenig auf die Finger sah.

So ritt er eines Tages über die Pußta, der Herr Oberförster Klein. Mächtig und furchtgebietend sah er aus auf seinem Pferd, denn klein war er nicht, er hieß nur so.

Der erste, den er am Wickel hatte, war ich. War ja auch sonst keiner da, der draußen umherstrolchte mit dem Glas vor den Augen, einem Bart im Gesicht und auch sonst höchst verdächtig.

„Sie san da Dokta aus München", bemerkte er richtig, als er mich aufgespürt hatte hinter einem Bündel von Schilfgarben. Sein Pferd, ein hübsches Pferdchen eigentlich, schnaubte und tänzelte wegen der Fliegen und Bremsen, die es umschwärmten. Der Oberförster hatte seine Flinte über, die Reitstiefeln in den Bügeln und zwirbelte an seinem Schnurbart.

„Ja", sagte ich, schaute aber weiter den Reihern zu, „und Sie?"

„Klein, Obberferrster", kam es von oben. „Hob ich gedient bei Graf Dobroschil, Karpaten. Dien' ich jetzt Wien, Österreich, und muß aufpassen auf Gans'l!"

Also Wien, Österreich, diente er jetzt. Und aus den Karpaten stammten die urigen Laute. Vermutlich sollte er auf die Graugänse aufpassen. Die Einheimischen nahmen ganz gerne deren Gelege aus und steckten die Eier unter die dicken Bäuche ihrer Hausgänse, um auf diese Weise ohne größeren finanziellen Aufwand die Schar der Sonntagsbraten zu vermehren.

„Treff'mer uns heut abend bei Glasl Wein und red'mer über Vegel. Kenn' ich zwor Gansl, kenn' ich aber nix andere Vegel!"

Damit ritt er davon.

Das Glas'l Wein wurden viele Gläser Wein, und ich versuchte ihm einige Grundkenntnisse der Vogelwelt des Seewinkels beizubringen, gab es aber bald auf. Der Wein war dem Oberförster lieber, den kannte er besser mit allen Sorten und Farben.

„Wos soll ich mit Vegel, in Karpaten Bär und Wölfe!" Damit rutschte er am Tisch zusammen, schlief ein und schnarchte vor sich hin.

Wir wurden gute Freunde. Der Oberförster Klein war schon in Ordnung, nur hatte man ihn an den falschen Platz gestellt.

Und ich konnte weiter unbehelligt meine Vögel beobachten. Er gab mir sogar ab und zu sein Pferd, und dann fühlte ich mich selbst wie ein Graf oder König, ritt durch die weite, ungestörte Landschaft. Die Vögel ließen mich näher heran auf dem Pferd, weil sie Pferde kannten. Es gab sie noch reichlich, damals, sie zogen die Wägen voll Schilf und Heu, weideten neben den Rindern auf der Pußta und ahnten noch nichts von Traktoren, Lärm und Gestank. Wenn es dann dämmerte, die Vögel zur Ruhe kamen, trabte ich heim ins Dorf, kehrte noch ein beim Oberförster, seiner feschen Frau und seiner hübschen Tochter und erzählte vom Tag. Zu unseren Füßen wuselte eine Schar junger Deutsch-Drahthaar-Welpen, der Wein schmeckte, Brot und Speck dazu.

Als ich den Neusiedler See und den Seewinkel verließ, um mich lange Jahre in ganz anderen Gegenden den Vögeln zu widmen, nahm ich Eindrücke mit, die irgendwo in einer Ecke meines Ichs erhalten blieben. Eindrücke von einer herrlichen, vielfältigen Vogelwelt, von einer herben, weiten Landschaft und von liebenswerten, bescheidenen und fröhlichen Menschen.

Nun wollte ich die Gelegenheit zu einem Wiedersehen nutzen. In der Welt war einiges passiert inzwischen. Ich war nicht so blauäugig zu glauben, daß Wohlstand, Freizeitgetriebe und Umweltzerstörung gänzlich den See und seine Ufer verschont haben würden. Aber doch hoffte ich insgeheim ein bißchen von dem wiederzufinden, was damals den Reiz dieser Gegend ausgemacht hatte.

Ich war damals vom See einige Male nach Wien gefahren und zurück und hatte die Straße auch noch dunkel im Gedächtnis, aber da, wo wir jetzt entlang fuhren, sah alles anders aus.
»Sind wir denn richtig«, fragte ich Barbara, meine Tochter, und sie meinte »ja, ja«. Außerdem würden wir immer am See landen, wenn wir nur die südöstliche Richtung einhielten. Die Stadt nahm kein Ende, Industrieviertel auf Industrieviertel kam vorüber. Es war Samstag, schönes Wetter, und ganz Wien schien mir das gleiche Ziel zu haben.
Damals war ich mit meinem kleinen Kabinenroller kilometerweit alleine auf der Strecke gewesen.
Endlich, nach einer Stunde vielleicht, tauchte der See auf, Sekunden nur, dann nahmen wieder Häuser die Sicht. Durch Neusiedel quälten sich die Autos, Surfbretter am Dach und Boote im Schlepp.
Andenkenladen an Andenkenladen, ausgestattet mit Souvenirs und G'schnas, wie die Österreicher sagen oder G'lump, wie die Bayern es nennen.
Dann waren wir aus Neusiedel heraus und in den Weinfeldern drin. Weinberge sind es ja dort nicht in der flachen Gegend. Und durch diese Weinfelder ging nun die Fahrt bis nach Ilmitz, dem Dorf, in dem ich damals gelebt hatte, bei einer Wittib für eine Mark pro Nacht und Frühstück.
Ich sah nichts anderes als Weinfelder. Es war Zeit der Lese; die Trauben wurden geerntet.
Im Auto saß man zu tief, um über die Weinstöcke hinweg schauen zu können, aber ich wußte, daß früher hier der Blick auch auf Wiesen, auf Brachland, auf kleine Seen und bis hinunter zum Seeufer streichen konnte.
Jetzt war da nicht die kleinste Lücke in der Monotonie des Weines.
Über den Feldern kreisten einmotorige Sportflugzeuge. Eines schoß dicht über die Straße und über uns hinweg, daß ich verstört auf die Bremsen trat.
Dann zog es steil hinauf in den Himmel, drehte einen Looping und kam wieder herunter.
War da einer verrückt geworden?
Ich fuhr auf einen Parkplatz und stieg aus, um zu sehen, was in aller Welt hier gespielt wurde.

Dann sah ich das Flugzeug wieder im Anflug, es hatte uns sozusagen im Visier. Ich zog schon den Kopf ein, ein Wahnsinniger mußte losgelassen worden sein.

Dann gewarte ich den Starenschwarm, der dicht vor dem Flugzeug aus den Weinstöcken aufstieg, einen riesigen Schwarm mit hunderten von Staren. Die Vögel ergriffen die Flucht vor dem überdimensionalen Greifvogel, der sie angriff.

Der Schwarm zog hoch, das Flugzeug folgte ihm steil, kippte ab, drehte eine enge Kurve und nahm die Verfolgung des Schwarms wieder auf.

Das Flugzeug trieb den Schwarm nach Osten davon, hinüber über die ungarische Grenze. Und kam zurück.

Und suchte sich einen neuen Starenschwarm.

Und scheuchte auch den.

Dann bemerkte ich andere Flugzeuge auch, die alle das gleiche machten.

Ich stand nur fassungslos und dachte, das darf doch nicht wahr sein.

Da jagten sie die Stare mit Flugzeugen aus dem Wein, verpulverten Unmengen von Benzin, machten einen Lärm wie drei Panzer und jagten und scheuchten natürlich nicht nur die Stare.

Was immer an nur etwas empfindlichem Getier sich in den Weinfeldern aufhielt, und im Herbst zur Zugzeit war das sicher nicht wenig, mußte vertrieben werden, gestört, gestreßt, vernichtet.

Daß die Flieger auch einmal über die Schilfgebiete kamen und dort die unter Schutz stehenden Reiher durcheinander brachten, nur nebenbei bemerkt.

Es war dies der Zeitpunkt, an dem ich hätte umkehren sollen.

Ich hätte zu meiner Frau und zu Barbara sagen sollen, laß uns nach Wien zurückfahren, zum Heurigen gehen oder in ein gemütliches Beisl, trinken und essen und das hier vergessen.

Aber da vorne lag schon Ilmitz, ein paar Kilometer noch zu fahren. Ilmitz, mit seinem einzigen, urigen Gasthaus, den staubigen Dorfstraßen, seinen Gänseherden, Pferden und Rindern.

Und seinen liebenswerten Menschen.

Die Asphaltstraße, breit wie aus Wien heraus, führte nach Ilmitz hinein. War das Ilmitz?

Wo war der Dorfplatz geblieben, die wunderschönen, kleinen, geduckten, barocken Häuschen. Das Gasthaus?

Ilmitz war's schon, aber ein anderes Ilmitz. Versaut, verschandelt, verbaut.
Auch das Gasthaus gab es noch, einst das einzige im Ort. Jetzt eines von vielen. Vergrößert, ausgebaut. Einheitsgesicht und Einheitsessen. Menschenmassen drängten sich überall. Auf den Straßen, den Parkplätzen, vor den Andenkenläden und Gasthäusern. Wiener, Österreicher, Ausländer.
Wenn es dazwischen die liebenswerten Einheimischen überhaupt noch gab, so hatten sie sich der Masse angepaßt. Keine Gänse, keine Pferde. Doch, da zogen tatsächlich noch Pferde die aufgeputzten Wägen voller Touristen zum Seeufer hinunter und zurück in die Gaststuben.
Aber sonst kein Hofgetier. Nur ein paar leinengequälte Pudel, Pinscher und andere.
Hätte man mich mit verbundenen Augen hierher gebracht und gefragt, wo ich sei, ich hätte es nicht erkannt und nicht sagen können.
Das Dorf, falls man es noch so bezeichnen will, war umschlossen von Weinfeldern. Kein Blick mehr auf die Lacken, die Pußtaflächen und die kleinen Wäldchen. Alles schien begraben unter Weinstöcken.
Irgendwo zwischen ihnen mußten noch ein paar der Lacken liegen, es waren Schutzgebiete. Aber umzingelt vom Wein, abgeschnitten von der ursprünglichen, weiten Landschaft konnten sie nicht mehr viel Wert sein.
Wir ließen Ilmitz liegen. Ich wollte wenigstens noch hinunter zum See, zum Schilfgürtel, dorthin, wo es früher vielleicht noch stiller und einsamer gewesen war als oben um das Dorf herum.
Aber schon die breit asphaltierte Straße zum See ließ nichts Gutes erahnen. Ein Pferdewagen nach dem anderen fuhr dort entlang, bepackt mit Ausflüglern. Autos dazwischen und Radfahrer. Ein paar Fußgänger doch tatsächlich auch. Am See ein Parkplatz. Hineingeschoben in den See durch den Schilfgürtel durch. Bootshafen. Boote. Boot neben Boot. Restaurant, Tummelplatz, Rummelplatz.
Schiffe, Ausflugsschiffe fuhren ab und legten an. Über Lautsprecher wurden die Schönheiten und Sehenswürdigkeiten angepriesen.
Ein Seidenreiher erhob sich aus dem Schilf und verschwand gleich wieder vor Schreck über den Lärm.
Auf dem Weg zurück nach Ilmitz fand ich eine Stelle wieder, wo früher ein schmaler Streifen zwischen Schilfwald und Buschzone entlangführte. Hier war ich oft gewesen, hatte es mir auf einem Schilfbündel

bequem gemacht und hinüber schauen können zum Schilf, aus dem die Reiher sich erhoben hatten und all die anderen Wasservögel.

Und hier fand ich, fanden wir einen winzigen, letzten Rest von der alten Zeit wieder. Viel war es nicht, denn die Weinfelder drängten bis dicht heran. Aber wenigstens gab es keine Menschen und keine asphaltierten Straßen oder Wege, keine Autos, kein Hasten.

Libellen flogen und die Vögel über dem Schilf. Viel weiter hinaus und hinüber durfte man aber auch schon nicht blicken, denn überall schoben sich Häuser und Hütten ins Schilf hinein, waren Boote und Bootshäfen.

Man hielt die Augen lieber zum Boden, freute sich an den kleinen Dingen, den Käfern und Hummeln, Spinnen und Ameisen.

Und dann wieder das Lärmen der Propeller. Nach der Mittagsrast fingen sie wieder an, die Stare zu scheuchen. Kreuz und quer, hinauf und hinunter.

Und es brachte wenig. Denn wie sich die Dinge beobachten ließen, flog ein Schwarm zwar davon und der Flieger ihm nach, aber kaum, daß er einige hundert Meter fort war, schwenkte ein anderer Starenschwarm herab und machte sich über die süßen Trauben her.

Die Fahrt zurück nach Wien. Durch den endlosen Weinbau zuerst und dann über verstopfte Straßen. Alles drängte vom Land in die Stadt.

Vom Land?

Wo war denn noch Land?

Der Heurige schmeckte dann nicht, und die Erinnerungen an die Zeit damals wollten nicht weichen. Aber ich hatte sie wenigstens noch. Ich hatte den See und den Seewinkel noch so erleben können, daß es sich lohnte, daran zu denken.

So, wie es jetzt dort aussah, wäre schon ein einziger, kurzer Gedanke eine Verschwendung gewesen.

Ein anhängliches Schwein

Das Revier, in dem ich vor vielen Jahren mitjagen konnte, bot landschaftlich unterschiedliche Reize. Teils bestand es aus mehr oder weniger langweiligen Ackerflächen, Rüben- und Getreideschlägen, teils gab es Mischwald, Heide- und Moorgebiete, Kieferndickungen und einen Forellenbach. Aus ihm ließ sich nach der Morgenpirsch manche Bachforelle herausholen, die, nach der Abendpirsch frisch in der Pfanne gebruzzelt, köstlich schmeckte.
Langweilig wurde es dort nie, Rehe waren zahlreich, aber daneben bot vor allem das Niederwild viel Abwechslung, denn Tauben, Kaninchen, Hasen, Fasane und Hühner ließen sich überall aufstöbern.
Nur Sauen fehlten, weil es in der näheren Umgebung keine größeren Waldbestände gab. Sehr selten, meist in den Wintermonaten, sah man einmal eine Saufährte, die sich durch das Moor zog oder die Kiefernbestände querte. Aber so ein einzelnes Stück hielt sich nie lange auf. Dafür brachte es jedes Mal die gesamte Jägerschaft im Umkreis in Wallung, und wenn schon keine Saujagd veranstaltet werden konnte, so reichten doch die Fantasien abends in der Kneipe aus, sich die wildesten Treiben vorzugaukeln. Und jedes Mal wurde so eine vorüberstreifende Sau über das Maß hinaus totgetrunken, auch wenn sie schon längst wieder die Gemarkschaft verlassen hatte, völlig ungeschoren und unbehelligt.
Ich hatte, obwohl schon seit drei Jahren im Revier, noch keine Sauen gesehen oder gefährtet und sie deshalb auch total aus meinem Jägerhirn verbannt.
An einem Junimorgen kroch ich aus meinem gut getarnten Ansitz am Rande eines Kiefernkusselstreifens, von dem aus ich mir verschiedene Böcke angesehen hatte, streckte die eingeschlafenen Beine durch, packte meine Sachen zusammen und machte mich auf den etwa drei Kilometer weiten Heimweg.
Es war kurz nach acht Uhr, die Rehe waren längst in die Einstände gezogen, nach ihnen die Hasen und Karnickel. Außer den Lerchen am

Himmel und den Feldmäusen am Rande des Weges gab es nichts mehr zu beobachten.

Diese Zeit nach einem Morgenansitz, ohne Frühstück im Bauch, aber mit der freudigen Erwartung desselben, mit noch Restschlaf in den Knochen und leicht unterkühltem Körper ist nicht unbedingt die beste Zeit für einen Jäger. So trödelte ich den Weg entlang, freute mich über die wärmenden Strahlen der Morgensonne und ließ meine Gedanken schon vorauseilen zum Abend, an dem ich eine andere Stelle aufsuchen wollte.

Irgendwann, so halben Weges, signalisierte mir mein aufdämmerndes Unterbewußtsein eine Bewegung rechter Hand. Ein Blick in diese Richtung, durchaus gezielt nun, ließ mich blitzartig hellwach werden. Da trabte ein Schwein – ein Wildschwein natürlich, nicht etwa ein ausgekommenes Hausferkel – vielleicht sechshundert Meter entfernt in der gleichen Richtung wie ich.

Es mußte aus eben jenen Kiefernkusseln herausgekommen sein, die ich vor kurzem verlassen hatte.

Jetzt querte es einen Rübenschlag, um gleich darauf in einem schon recht hochstehenden Getreidefeld einzutauchen. Ich spurtete auf meinem Weg hundert Meter weiter vor und bekam prompt nicht rechtzeitig die Bremse gezogen. Als das Schwein aus dem Getreide herauskam, erwischte es mich in vollem Lauf.

Darauf stellte es sich spitz zu mir und beäugte mich.

Ich beäugte das Schwein durch mein Glas.

Es mußte ein Überläufer sein, aber das Geschlecht ließ sich nicht ausmachen. Das war auch egal.

Ich weiß nicht, ob sich diese so plötzlich auf der Bildfläche aufgetauchte Sau etwas gedacht hat. In meinem Kopf jedenfalls liefen die Gehirnströme auf Hochtouren, nur fanden sie nicht ordentlich zueinander und brachten keine Lösung des offensichtlichen Problems zustand.

Hier standen sich Sau und Jäger im freien Feld gegenüber, sichtlich interessiert aneinander, aber getrennt durch ein viel zu weites Dazwischen.

Die Sau schien überhaupt nicht nervös. Ich konnte sehen, daß sie freundlich mit dem Pürzel wedelte.

Ich dagegen war schon sehr nervös, weil ich absolut nicht wußte, wie das hier weitergehen sollte. Ich hätte in meinem Kusselstand sitzen bleiben sollen, dann wäre mir die Sau wahrscheinlich von hinten hineingekrochen. Jetzt konnte ich ja schlecht ›mach Platz und sitz‹ zu ihr hinüberrufen und rübergehen.

Sie wedelte noch einmal mit dem Pürzel, machte dann rechtsum und verfolgte ihren einmal eingeschlagenen Weg weiter. Also setzte auch ich mich wieder in Trab, eilte mit meinen Gedanken voraus und überschlug die Möglichkeiten.

Da vorne gab es einen alten Schafstall, der etwa auf halbe Entfernung von mir zur Sau lag. Konnte ich den rechtzeitig und in Deckung erreichen, hatte ich vielleicht eine Chance. Ich merkte aber bald, daß die Sau sich meinem Tempo anpaßte. Je mehr ich meine Beine fliegen ließ, um so mehr Dampf machte die da drüben auch.

Schließlich mußte ich aufgeben. Ich konnte den Stall nicht vor der Sau oder gleichzeitig mit ihr erreichen. Ich schmiß mich auf einen kleinen Sandhügel und nahm mein Glas wieder vor die Augen.

Ich wollte wenigstens sehen, wohin der Weg ging. Vielleicht nahm das Schweinchen das Unterholz am Bachrand an oder das Farndickicht, das an einer Stelle des Mischwaldes recht üppig wucherte. Das könnte schon ein geeignetes Plätzchen sein, daß es dort eine Verschnaufpause einlegte.

So war es auch. Die Sau verschwand im Wald.

Jetzt rannte ich los ins Dorf und telefonierte ein paar Waidgenossen zusammen. Viele erwischte ich nicht, aber nach einer knappen halben Stunde waren fünf versammelt. Wir machten kein großes Palaver. Ich sagte ihnen, wo die Sau verschwunden war und auch, daß ich nicht wüßte, ob sie drüben wieder hinaus sei. Das hätte zu viel Zeit gekostet. Wir machten aus, wo die Fünf sich anstellen sollten, und daß ich nach zehn Minuten losgehen würde mit meinem Hund, und das Farndikkicht durchkämmen.

Natürlich war die Sau nicht mehr drin. Sie war, wie sich bei genauem Abfährten feststellen ließ, durch Farn und Wald hindurch und ins Nachbarrevier hineingewechselt.

Die Fünf machten sich auf ins Wirtshaus. Ich ging in mein Jagdquartier, aß Frühstück und Mittagsmahl in einem, legte mich eine Weile aufs Ohr und träumte von der Sau. Gegen sechs Uhr nachmittags packte ich wieder meine Sachen zusammen, um gemächlich meinen Abendansitz anzulaufen. Da stand eine Kanzel, an die man sich im Schutz einer Kiefernschonung anpirschen konnte bei gutem Wind.

Von der Kanzel oben ging der Blick nach links auf einen Wildacker, geradeaus auf eine Weide mit Rindvieh und nach rechts auf einen Waldrand mit einer noch nicht von den Kühen abgefressenen Wiese davor.

Vielleicht nach einer Stunde sah ich einen Fuchs, der aus hohem und schon etwas dürrem Gras herausschnürte, in einem Graben untertauchte und diesen entlangmarschierte. Nur ab und zu sah ich seine Lauscher. Mitten zwischen den weidenden Kühen kam er aus dem Graben wieder heraus. Ich hatte schon in der Luke der Kanzel auf einem kleinen Polster aufgelegt und machte jetzt Zielübungen.

Irgendwie irritierten mich die Kühe.

Sie waren zwar nicht direkt neben dem Fuchs, aber auch nicht sehr weit von ihm weg. Die am nächsten stehende etwa zwanzig Meter.

Ein Kugelschuß konnte ja eigentlich nicht derart daneben gehen, daß diese Kuh in Lebensgefahr geriet. Aber so ganz paßte mir das alles nicht. Und dann war da wieder eine mehr geahnte als wahrgenommene Bewegung rechts von mir.

Eine Sau war aus dem Wald herausgekommen und stand nun zwei Meter vor ihm.

Das war totsicher meine Sau vom Vormittag.

So, wie sie mit dem Pürzel wedelte.

Und so, wie sie die Kühe anglotzte. Genau so hatte sie mich am Morgen angeschaut.

Jetzt aber die Büchse heraus aus der vorderen Luke und hinaus aus der rechten.

Da setzte sich die Sau in Bewegung auf die Kühe zu und trabte über die Wiese. Keine fünfzig Meter entfernt. Nun hatte sie natürlich keine Nummer auf dem Buckel und kein rotes Halstuch um, daß ich hundertprozent sicher sein konnte, wirklich die selbe Sau vor mir zu haben. Zwar stimmte die Größe, ein Überläufer war es auf jeden Fall, aber wenn der Teufel es wollte, konnte es eine Überläuferbache sein, die schon Frischlinge im Geleit hatte. Also lieber noch ein paar Sekunden warten, ob nichts hinterher kommt.

Diese paar Sekunden waren genau zu viele Sekunden.

Die Sau stoppte abrupt, als sie sich klar wurde, daß sie auf diesem Weg mitten durch die Kühe mußte, drehte sich um, nahm den Pürzel hoch wie ein afrikanisches Warzenschwein und galoppierte zurück in den Wald.

Wutsch, weg war sie.

Sie hatte zunächst einen äußerst entschlossenen Eindruck gemacht, die Wiese und die Weide zu überqueren. Mittendrin hatte sie ganz offensichtlich der Mut verlassen.

Ich war aber recht sicher, daß sie da hinüber wollte, um den dahinter liegenden Hochwald zu erreichen.

Abwarten. Vielleicht versuchte sie es noch einmal.

Als sich nach einer weiteren Stunde nichts rührte, und immer noch die Rindviecher alleine das Feld beherrschten, beschloß ich einen Ortswechsel.

Nur zweihundert Meter weiter gab es eine andere Kanzel mit Ausblick auf eine Waldwiese.

Man konnte sie ebenfalls gut und in Deckung über einen Sandweg und einen Pirschsteig angehen und brauchte nur einmal auf halbem Wege eine breitere Schneise zu überqueren.

Gedacht, getan. Auf der Schneise war nichts, und ich konnte unentdeckt hinüber. Der Sandweg führte an einem Waldrand entlang, der so verwachsen war, daß man in den Wald nicht hineinsehen konnte. Der Wind blies aus dem Wald heraus.

Falls dort etwas stand, konnte es mich höchstens hören. Auf dem Sandweg leise vorwärts zu kommen, war kein Problem. Vierzig Meter voraus stand die Kanzel.

Langsam, ganz langsam.

Es knackt im Wald.

Ich bleibe stehen und rühre mich nicht. Es knackt noch einmal. Ziemlich laut. Ein Reh?

Nach fünf Minuten Stille gehe ich weiter. Wieder knackt es.

Knacks, knacks, knacks. Dreimal.

Wenn ich doch, verdammt nochmal, etwas sehen könnte!

Ewig langes Warten, dann weiter.

Endlich die Kanzel in Sicht. Und dann ein Geräusch, als ob sich einer schneuzt.

Jetzt aber Endspurt, nichts wie hinauf auf die Kanzel und abwarten, was da neben und hinter mir im Wald herzieht und vermutlich auf die Waldwiese möchte.

Ich habe den Fuß auf der ersten Sprosse der Leiter, greife vor, setze den anderen Fuß auf die zweite Sprosse. Und kann zwischen den Leitersprossen unter dem Kanzelboden durchschauen auf die Wiese.

Da knackt es schon wieder, direkt am Waldrand links neben mir. Es knackst nicht diesmal sondern kracht. Und mein Schweinchen erscheint auf der Wiese, keine zehn Meter entfernt.
Ich hänge an der Leiter, Gewehr über und kann nur zusehen. Mein Freund dort macht zwei, drei Schritte – man muß sich das alles vorstellen am hellichten Tag! – stutzt, dreht sich zur Kanzel und kann nun mich ebenso gut unter dem Kanzelboden hindurch und durch die Leitersprossen betrachten. Ich kriege mich überhaupt nicht mehr ein und bin nahe am Verfolgungswahn. Den ganzen Tag ist diese Sau jetzt hinter mir her! Und erwischt mich jedes Mal auf dem falschen Bein. Und das in einem Revier, wo es eigentlich gar keine Sauen geben darf und wenn, dann höchstens im Winter und in der Nacht und auf einen kurzen Besuch!
Millimeterweise taste ich mich die Leiter abwärts. Ich kann doch nachher keinem erzählen, daß ich dort gehangen bin wie ein Schlafanzug an der Wäscheleine und nicht einmal den Versuch eines Angriffs gewagt hätte.
Der Rest war voraussehbar.
In dem Moment, in dem ich mit beiden Beinen auf der Erde stand, gab die Sau ein kurzes aber unmißverständliches Wuff von sich, stellte ihr mir inzwischen sehr bekanntes hinteres Anhängsel senkrecht und machte sich in Höchstgeschwindigkeit quer über die Wiese davon.
In aller Ruhe konnte ich ihr prächtiges Hinterteil betrachten, wie es da vor mir über die Wiese schwankte. In wenigen Sekunden verschwand sie auf der anderen Seite im Wald.
Diese drei Begegnungen an diesem Tag waren der pure Zufall. Ich hätte die Sau auch nur einmal treffen können oder überhaupt nicht. Ihr auf der Schwarte zu bleiben, hatte ich nur am Morgen versucht. Dann war aber offenbar sie es gewesen, die sich in meiner Gegenwart recht wohl fühlte und ständig hinter und neben mir hertrollte.
Das glaubte mir sowieso kein Mensch.
Es war auch nicht notwendig.
Denn als ich schließlich ziemlich frustriert in die Kneipe kam, um wenigstens aus dem Erzählen meiner Geschichte noch einen Nutzen und einen Erfolg ziehen zu können, waren meine fünf Jagdkumpane schon längst jenseits von Gut und Böse.
So habe ich die Sache wenigstens jetzt noch einmal ausgegraben und aufgeschrieben.

Mäusejagd

Kriegsende 1945. Vom Hügel hinter dem alten österreichischen Bauernhaus, das wir bewohnten, nachdem unser Haus in München zum Schutthaufen geworden war, konnte ich die Straße von Salzburg her gut beobachten. Sie führte im sanften Schwung hinunter ins Dorf am anderen Seeufer.
Die ersten amerikanischen Panzer rollten dort, gemächlich und platt wie große Schildkröten. Widerstand hatten sie nicht zu erwarten. Alle waren froh, daß das Ende dieser schlimmen Zeit nun gekommen war.
Ich lag auf dem Bauch im Gras. Ich kann mich nicht erinnern, daß ich aufgeregt gewesen wäre. Mit meinen vierzehn Jahren hatte man mich zwar vor einem halben Jahr noch gemustert, aber Dank einer Lungenentzündung zurückgestellt.
Dieses letzte Jahr war für mich ein freies, ungebundenes Jahr gewesen. Keine Schule, nur ein paar Stunden Privatunterricht in der Woche, die weder meine Lehrerin noch ich so recht ernst nahmen. Um unser Haus lagen Wiesen und Wälder, Hügel, Berge und der See. Da ich schon damals nichts anderes im Kopf hatte als Tiere, gab es dort für mich genug zu suchen, zu finden und zu fangen.
Ich zog alle möglichen Jungvögel auf, für die Nahrung in Form von Insekten zu beschaffen war, und schon das dauerte seine Zeit.
Freunde gab es auch im gleichen Alter. Wenn wir nicht irgendwelchen Tieren nachstellten, spielten wir Indianer, bauten zwischen den Felsen Burgen oder segelten am See. Von den Sorgen und Nöten der Erwachsenen bekamen wir wenig mit, und daß die Nahrung für die Menschen knapp war und immer knapper wurde, berührte uns Kinder kaum. Schafften es doch die Eltern auf allen möglichen Wegen immer wieder, an Brot, Kartoffeln oder Gemüse zu kommen. Wählerisch wurde man sowieso erst viel später wieder. In unserem Haus lebte damals ein jüngerer Zoologe, ein Assistent meines

Vaters. Vater hatte einen Teil des Zoologischen Institutes von München hierher an den See verlagert, um ungestört arbeiten zu können. Dieser junge Zoologe, Herman hieß er, war ein Spezialist für kleine Säugetiere und ein Meister im Fallenstellen. War ich bis dahin der Meinung gewesen, Maus sei Maus, so lernte ich nun, daß es neben rund fünfzehn verschiedenen Mäusearten auch noch eine ganze Reihe anderer Kleinsäuger gab. Schläfer zum Beispiel, Baumhörnchen und Bodenhörnchen, Zwerg- und Mauswiesel, die Spitzmäuse, und was noch alles. Ich sah Herman bei seiner Trappertätigkeit genau auf die Finger und kam schnell dahinter, daß auch Fallenstellen nicht gleich Fallenstellen ist.

Es kam da sehr genau darauf an, *wo* man die Fallen im Gelände aufbaute. Das brauchte durchaus nicht immer genau vor einem Mauseloch zu sein. Die Mäuse hatten auch ihre oberirdischen Wechsel und Plätze, an denen sie ihren Kot absetzten. Die mußte man erst einmal finden. Dann konnte das Stellen einer Falle an einem solchen Platz Erfolg haben. Und *wie* die Fallen scharf gemacht wurden, war ebenfalls eine Wissenschaft für sich.

Wir hatten häufig Mäuse im Haus, besonders in der Küche. Als Zoologensohn fiel mir dann die Aufgabe zu, diese zu bekämpfen. Die kleinen Klappfallen blieben aber meist unberührt oder waren zugeklappt, ohne eine Maus zu erwischen. Ich schob die Schuld auf die Fallen, die offenbar nichts taugten. Aber nun lernte ich, daß die Fallen schon in Ordnung waren. Nur hatte ich sie stets zu grob eingestellt oder den falschen Köder benutzt.

Mit Speck fängt man Mäuse. Von wegen! Ein kleines Stück Schwarzbrotrinde, über einem Streichholz leicht angeröstet, tat wesentlich bessere Dienste. Es lockte die Mäuse aus der ganzen Umgebung an. Sie konnten diesem köstlichen Duft nicht widerstehen.

Das feine Einstellen der Fallen war so eine Sache. Man mußte sie scharf machen, solange man sie noch in der Hand hielt, um sie dann, ganz, ganz vorsichtig auf ihren Platz am Boden zu stellen. Bei der geringsten unvorsichtigen Bewegung oder dem Zusammenstoß mit einem dürren Halm oder einem kleinen Zweig gingen sie los und hauten einem auf die Finger.

Das richtige Halten der Fallen war also auch wichtig. Ich lernte das alles mit der Zeit, und die Erfolge stellten sich ein.

Herman war ein ausgezeichneter Lehrmeister, und ich ein begeisterter Schüler.

Abends zogen wir aus, einen Beutel mit Fallen umgeschnallt, Brot in der Hosentasche. Unsere Traplines zogen sich am Waldrand entlang, am Fuß einer aus Natursteinen gemauerten Böschung oder folgten einem kleinen Bach.
Und wieder erfuhr ich Neues.
Bestimmte Mäusearten oder andere Kleinsäuger konnte man nicht überall erwarten. War man hinter einer ganz bestimmten Art her, so mußte man wissen, welche Örtlichkeiten sie bevorzugte.
Am Bach entlang in feuchtem, sumpfigem Gelände gingen einem die Schermaus oder die Wasserspitzmaus in die Fallen. Zwischen den Steinbrocken der Böschungsmauer lebte die Zwergwühlmaus. Und am Waldrand hüpften nachts die Gelbhalsmäuse und die Rötelmäuse und ließen sich anlocken. Das Spannendste war natürlich, am anderen Morgen die Trapline zu kontrollieren. Wie würde das Fangergebnis aussehen? Hatten wir alle Fallen richtig verankert — mit Hilfe eines Nylonfadens — damit sie nicht samt Inhalt von einem anderen Mäuseliebhaber davongeschleppt werden konnten?
Waren wohl die Schädel der Mäuse heil geblieben?
Das war wichtig. Denn, wer hätte das gedacht, am Schädelskelett und besonders an den Zähnen ließ sich jede Art haargenau bestimmen. Da brauchte es gar nicht die ganze Maus.
Und dann also das Abschreiten der Trapline. Große Enttäuschung bei mir, wenn das Fangergebnis mager blieb und mächtiges Herzklopfen, hatten wir ein ganz besonders seltenes Exemplar erwischt.
Es kam gar nicht selten vor, daß wir in fünfzig gestellten Fallen dreißig Mäuse oder noch mehr fingen.
Sorgfältig wurde die Beute verpackt und nach Hause getragen.
Und dort begann der zweite Teil der Arbeit. Die Tiere wurden gewogen, vermessen, auf ihr Geschlecht untersucht, abgezogen und zu Bälgen verarbeitet. Dazu mußte um einen dünnen Holzstab eine dem Mäusekörper angepaßte Puppe aus Watte gedreht werden, über die dann die Haut gestülpt und am Bauch zugenäht wurde.
Das Vergiften der kleinen Felle war überaus wichtig, weil sie sonst in kürzester Zeit von Motten und anderem Kleingetier aufgefressen worden wären.
Herman hatte eine stattliche Sammlung beisammen. In hölzernen Schubladen lagen die Bälge nebeneinander wie Würstchen auf dem

Grill. Jedes einzelne Stück ordentlich beschriftet mit allen verfügbaren Daten.
Und ich war dabei, mir eine ebensolche Sammlung anzulegen. Viel später, als ich den jungen Studenten beibringen sollte, welche Kleinsäuger es in unserem Land gibt, waren mir die damals gesammelten Erfahrungen eine enorme Hilfe. Und dann war ich es, der ihnen beibrachte, Fallen zu stellen, ohne mit blutigen Fingern nach Hause zu gehen.
Inzwischen sind viele dieser Kleinsäugerarten geschützt und dürfen nicht mehr gefangen oder getötet werden. So lassen sich auch keine Traplines mehr auslegen, weil man ja nie weiß, wer den Köder annimmt und wen man anderntags in der Falle hat.
Damals aber avancierte ich innerhalb weniger Monate zum großen Fallensteller und Mäusefänger.
Das blieb nicht unbemerkt und sprach sich herum. Nicht nur in der engeren und weiteren Familie. Die Gerüchte über meine Erfolge bei der Mäusejagd streuten bis ins Dorf.
Im Dorf gab es natürlich auch einen Bäcker. Von ihm bezogen wir das streng rationierte Brot. Eine Scheibe konnte ich zum Frühstück essen, eine zweite am Abend.
In der Backstube, ja im ganzen Haus des Bäckers wimmelte es von Mäusen.
Hausmäuse waren das, jene grauen, langschwänzigen Mitbewohner der Menschen, die sich nur in unserer Nähe so richtig wohl fühlen und von den Speiseresten und Vorräten leben, die wir irgendwo aufbewahren.
Dem Bäcker also kamen meine Erfolge auch zu Ohren.
Durch einen Kurier ließ er mich wissen, daß er meine Dienste gerne in Anspruch genommen hätte.
So wanderte ich eines Tages ins Dorf hinüber, meine Fallen im Rucksack. Das Brot, das ich als Köder brauchte, wollte ich vom Bäcker haben.
Auf seine Frage, wieviel Brot ich denn bräuchte, sagte ich: Viel! Und bekam eine ganze Scheibe.
Die aß ich auf, bis auf ein paar Zentimeter Rinde. Mehr brauchte ich ja nicht.
Zunächst einmal nahm ich das ganze Haus in Augenschein. Hausmäuse hinterließen gut sichtbare Spuren auf ihren Wegen vom Bau zur Nahrungsquelle.

Durch das ständige Belaufen der selben Wechsel, waren diese als dunkle Wege entlang der Wände oder auf den Balken unter der Decke gut auszumachen.

Stellte ich eine Falle mit dem beweglichen, den Schlagbügel auslösendem Brettchen direkt an die Wand, dann mußte die Maus darüber laufen, ähnlich einem Zwangspaß. In diesem Fall konnte ich sogar den Köder ganz sparen. Die Maus würde automatisch auf das Wippbrettchen steigen. Stellte ich viele Fallen an die Wand auf die Wechsel, sparte ich viele Köderstückchen und hatte wieder einen kleinen Happen für mich selbst. Der Bäcker, ein gewichtiger Mann, dem man die kargen Zeiten nicht ansah, beobachtete meine Tätigkeit zunächst etwas mißtrauisch. Aber schließlich verschwand er, um neue Brotlaibe in den Ofen zu schieben.

Das duftete! Mir wurde ganz schwach und schwindelig. Hatte der Bäcker mich nicht beordern lassen, ihn von der Mäuseplage zu befreien? Stand mir nicht das Recht auf Lohn zu?

Mein Bubenhirn begann zu ticken.

Sprang da vielleicht ein wenig mehr heraus, als ein paar Mäuse für meine Sammlung?

Aber ich hatte ja noch keine. Bevor ich dem Bäcker nicht einige Hausmäuse vorweisen konnte, ließen sich auch keine Forderungen stellen. Vierzig Klappfallen plazierte ich entlang der Wechsel und an anderen Stellen.

Am nächsten Morgen hatten sich fünfunddreißig Mäuse gefangen! Fünfunddreißig Mäuse in vierzig Fallen! Für mich war das der absolute Rekord. Es mußte in dieser Bäckerei mehr Mäuse geben, als Mehl.

Ich strahlte. Der Bäcker auch, und drückte mir einen ganzen, vollen, runden, köstlich duftenden, frisch aus dem Ofen kommenden Brotlaib in die Arme.

Eine volle Wochenration für die ganze Familie.

Meinen Schatz im Arm lief ich nach Hause und übergab meiner Mutter das Brot. Wahrscheinlich entdeckte sie dabei zum ersten Mal in den zoologischen Neigungen ihres Sohnes auch eine nutzbringende Seite.

Am Abend war ich wieder in der Bäckerei, um meine Fallen aufzubauen. Ich hatte zwanzig mehr davon mitgenommen und dazu Herman angepumpt.

Die Bäckerei, ein großes, altes Haus, hatte drei Stockwerke, einen Dachboden und einen Keller. Die Mäuse waren überall. Im ersten Stock, in dem auch die Backstube lag, hatte ich am Tag vorher angefangen und machte zunächst da auch weiter.
Schon um sechs Uhr am nächsten Morgen war ich zur Stelle. Der Bäcker fing ja gegen vier Uhr mit dem Backen an und war längst auf.
Zweiundvierzig Mäuse! Und wieder ein Laib Brot.
Wo sollte ich hin, mit all den Hausmäusen? Mir reichten zehn davon schon längst für meine Sammlung. Ich schmiß meinen Fang auf den nächsten Misthaufen und wurde dabei von ein paar Katzen aufmerksam beäugt.
Zu Hause gab es wieder großen Jubel.
Auch in den kommenden Tagen fing ich ganze Armeen von Mäusen. Sie strömten herbei wie die Lemminge. Wenn ich am Dachboden mit ihnen fertig war und die Fallenjagd in den Keller verlegte, um dann über den ersten und zweiten Stock wieder nach oben zu arbeiten, war der Dachboden schon wieder besetzt.
Unglaublich, wo die ganzen Mäuse herkamen.
Aber dann wurde die Fangquote allmählich geringer. So schnell, wie ich die Mäuse fing, kamen sie mit der Vermehrung nicht nach. Ich merkte schon an der steigenden Zahl sehr kleiner Mäuse, die noch kaum richtig laufen konnten, daß ich ihre Mütter weggefangen hatte. Sie waren hungrig, verließen die Nester und nahmen meine Köder an.
In dem Maße, wie die Mäuse in den Fallen abnahmen, verringerte sich die Spendenfreudigkeit meines Bäckers. Es gab bald nur mehr einen Brotlaib in der Woche. Höchstens zwei, bei ausnahmsweise wieder ansteigender Mäusezahl. Ich sah den Tag kommen, an dem ich nichts mehr in den Fallen hatte.
Das Brot als Zusatzration zu unserer häuslichen Speiseration war ungeheuer wichtig.
Wir hatten uns bereits so daran gewöhnt, daß wir es schon fast als eine Selbstverständlichkeit betrachteten.
Da kam mir eine gute Idee.
Statt die gefangenen, toten Hausmäuse auf den Misthaufen und den Katzen zum Fraß vorzuwerfen, ließen sie sich ja aufheben!
Ich brauchte nur etwas Eis — von Kühlschränken waren wir ja noch weit entfernt — um sie für einige Zeit frisch zu erhalten.

Das Eis bekam ich vom Schlachter. Ein paar Brocken reichten aus. In unserem Haus gab es eine Kühlkammer, wo mein Onkel auch seine Hasen und Rehe aufhing. Sie lag nach Norden und war gut isoliert. Hier, in einer Bretterkiste, verstaute ich das Eis und legte meine Mäusebeute obenauf.
Einige Tage blieben sie frisch.
Ich brauchte jetzt nur am Morgen, wenn ich zur Fallenkontrolle ins Dorf ging, einige dieser unterkühlten Mäuse einzustecken und sie, wenn der Bäcker mit seinen Broten und Semmeln beschäftigt war, in die leergebliebenen Fallen zu klemmen.
Schon hatte ich wieder einen guten Fang vorzuweisen. Damit auch von den noch vorhandenen aber inzwischen rar gewordenen lebenden Mäusen einige überleben konnten und sich wieder vermehrten, stellte ich meine Fallen absichtlich so grob ein, daß eine Maus mit allen Vieren darauf springen konnte, ohne sie auszulösen.
Beide Methoden funktionierten hervorragend.
Ich konnte damit meine Mäusejagd über den ganzen Sommer hinziehen und damit auch immer wieder einen der frischen und duftenden Brotlaibe mit nach Hause nehmen.
Schließlich aber neigte sich die Geschichte doch ihrem Ende zu.
Zum einen schienen die Mäuse im Herbst aus ganz natürlichen biologischen Gründen nicht mehr so vermehrungsfreudig zu sein. Der Nachwuchs kam ins Stocken und blieb schließlich ganz aus.
Zum anderen war nun auch mit Eis und allen möglichen anderen Tricks nichts mehr zu machen. Meine kleinen, grauen Mäuseleichen begannen nach spätestens einer Woche erbärmlich zu stinken.
Damit wurde es unappetitlich, sie in der Rocktasche zu transportieren. Sie mieften auch derart vor sich hin, daß der Bäcker es riechen mußte. Und dies galt es auf alle Fälle zu verhindern. Er durfte nicht auf meine unehrenhaften Geschäfte aufmerksam werden.
Im kommenden Frühjahr, das war mir ziemlich klar, würden sich nämlich längst neue Hausmäuse aus der Nachbarschaft eingestellt haben. Es duftete ja zu verlockend aus der Bäckerei durch das ganze Dorf.
Und diese Mäuse würden sich wieder wie die Wilden vermehren, sobald das Wetter wärmer wurde.
Und dann konnte ich meine Jagd auf's neue beginnen.

Der Gewitterbock

Ende Juli. Die Luft feucht und schwül, wie im Amazonasurwald. Ich hockte in der Badehose im Garten und rupfte Wildkräuter aus den Rosenbeeten. Unkraut heißt das heute nicht mehr.
Eine der sinnlosesten Beschäftigungen im Leben eines erwachsenen Menschen.
Die Erfahrung vieler Jahre hatte mich längst gelehrt, daß die Wildkräuter nach zwei Tagen wieder im vollen Saft dastehen würden, als hätte ich sie noch nie bekämpft.
Außerdem bekamen auch sie Blüten. Kleine zwar und meist ziemlich farblose, aber immerhin. Vor allem brauchten sie überhaupt keine Pflege, während ich die Rosen zweimal im Jahr schneiden mußte und mir dabei die Finger zerstach. Die Bremsen umsurrten mich, und die kleinen Gewitterknitzen krabbelten im Haaransatz.
Meine Deutsch-Drahthaar-Hündin lag im Schatten unter einem Busch und hechelte vor sich hin. Sie zuckte nicht einmal mit ihrer Stummelrute, als ich sagte: „Na, Tatz, nicht dein Wetter, was?".
Eigentlich hieß sie Tascha oder noch eigentlicher Natascha. Tatz war kürzer und prägnanter, und bei dieser Hitze war jeder überflüssige Buchstabe zu viel.
Mechanisch rupfte und zupfte ich weiter. Meine Gehirnströme flossen träge.
Und wieder fiel mein Blick auf Tatz. Sie war schließlich ein Jagdhund. Und ich war ein Jäger.
Die Gehirnströme beschleunigten etwas. War es nicht Ende Juli? Konnte es nicht sein, daß die Böcke schon trieben? War diese Schwüle nicht überhaupt...?
Ich schmiß die kleine Schaufel ins Beet, ging unter die Dusche, fuhr in die Bundlederne und in ein dünnes, grünes Hemd und suchte meine Bewaffnung zusammen. Zum Schluß schnappte ich mir meinen Lodenumhang vom Haken, auf alle Fälle.

Zum Nächsten, der mir von der Familie über den Weg lief, sagte ich „ich fahr mal raus", womit, verbunden durch einen Blick auf meine Bekleidung, alles klar war.

Tatz hatte ihren Platz gewechselt. Vom Schatten unter dem Busch war sie in den Schatten meines Wagens gewechselt. Und zwar lag sie vor dem Auto. Da konnte ich nicht einfach ohne sie wegfahren.

Das wollte ich auch gar nicht. Ich hielt der Dame die Tür auf, um sie auf den Rücksitz zu lassen, wo sie aufseufzend zusammensackte. Die Jüngste war sie nicht mehr. Aber meine Beste.

Ich drehte alle Fenster herunter, um den Dampf aus dem Inneren zu lassen und fuhr ins Revier meines Freundes, der mir einen Bock freigegeben hatte.

In der Stadt war es kaum auszuhalten. Vor den Ampeln schlug der Asphalt Wellen. Draußen wurde es nicht viel besser, aber der Himmel war blau.

Am westlichen Horizont türmten sich zwar ein paar Kumuluswolken, aber die waren weit weg.

Wir fuhren eine knappe Stunde, bogen dann in einen Feldweg ein und kamen ins Revier. Kiefern und Heidesand. Eingestreut einige Wiesen und Weiden. Ein kleiner Bach schlängelte sich zwischen erlenbestandenen Ufern und schwarz-weißen Kühen. In einer dieser Ufererlen stand eine Leiter. Eigentlich waren es zwei Leitern übereinander. Man saß da recht hoch, hatte aber dadurch einen guten Rundumblick.

Ich mochte den Platz, weil der Bach so schön vor sich hin murmelte, und das Rindvieh die Bremsen und Knitzen auf sich zog. Dadurch ließen sie einen am Sitz oben in Ruhe.

Sie kamen wahrscheinlich auch nicht auf die Idee, in solcher Höhe nach blutspendender Beute zu suchen. Wann schließlich sitzt eine Kuh schon im Baum?

Den Wagen stellte ich in Deckung ab, ließ Tatz heraus und neben meinem Lodenumhang niederlegen. Sie hatte es hier um zwei Grad kühler und außerdem schattiger, als direkt unter dem Sitz.

Auf den Lodenumhang konnte ich gut verzichten. Am liebsten hätte ich auch noch das Hemd ausgezogen, aber dann wäre das Bleichgesicht im Erlengrün doch ein zu auffallender Kontrast gewesen.

Es mag sieben Uhr gewesen sein, Normalzeit, als ich vom Wagen losging. Reichlich Spielraum für einen Sommerabendansitz.

Aber in der Blattzeit ist den ganzen Tag über Vorsicht geboten, und ich beschloß, nicht direkt über die Weide den Sitz anzugehen, sondern einen kleinen Umweg zu machen. Über den Umweg erreichte ich gedeckt den Bach und konnte mich im Bach dem Wasserlauf folgend und im Schutz der Uferböschungen ungesehen bis direkt unter den Sitz vorarbeiten.

Mit dieser Methode hatte ich sogar schon einmal eine Ricke angepirscht, an die ich sonst nicht herangekommen wäre. Mit Erfolg. Barfuß, die leichten Pirschschuhe in der rechten Hand, und gebückt, patschte ich durch's Wasser. Nein, natürlich patschte ich nicht, sondern vermied genau dies, indem ich abwechselnd vorsichtig den linken und den rechten Fuß aus dem Wasser nahm und mit spitzen Zehen wieder eintauchen ließ. Wie ein Reiher, der einen Frosch angeht.

Es ist keine sehr fördernde Gangart, aber ich hatte ja Zeit. Ab und zu steckte ich mein Haupt über die Böschung hinaus und musterte die Weiden und Wiesen in meiner näheren Umgebung. Das Gras stand zum Teil hoch und bot einem Reh, das sich in ihm niedergetan haben könnte, guten Sichtschutz. Wenn es dann aufstand, während ich in wenigen Metern Abstand vorbeischlich, konnte es ungewollten Blickkontakt geben. Bei einem meiner Späherblicke entging mir auch nicht die Wolkenwand, die sich inzwischen doch soweit genähert hatte, daß sie beim besten Willen nicht mehr zu übersehen war. Da sich aber kaum ein Lufthauch regte, maß ich ihr immer noch keine große Bedeutung zu.

Ich war schließlich unter der Erle mit der Leiter angekommen, stemmte mich ans Ufer hoch, zog Strümpfe und Schuhe an und erklomm meinen Sitz.

Die hohe Leiter schwankte und wackelte. Ausnahmsweise knarrte sie nicht auch noch. Es gibt ja haufenweise knarrende Leitern und quietschende Sitzbretter. Wie oft habe ich Kanzel- und Hochsitzbauer verflucht deswegen. Da gibt so ein Sitzbrett jedesmal Laut, wenn man die vom Einschlafen bedrohten Pobacken auch nur millimeterweise hin und her bewegt, um sein Gewicht etwas zu verlagern. Hier wackelte es also nur. Die Leiter hätte schon ein paar Nägel mehr vertragen können.

Oben angelangt, drehte ich mich in Sitzposition und atmete einige Male tief durch. Schon während des Aufsteigens hatte ich natürlich wieder genauestens die Augen kreisen lassen, aber nichts Verdächtiges entdeckt. Nur die Kühe mampften friedlich ihr Gras.

Ich mag diese ruhige erste Zeit nach dem Ankommen auf einer Kanzel oder einem Hochsitz. Nicht immer kann man sie auskosten, denn wenn da schon „etwas draußen steht", heißt das meistens Spannung ab sofort.

Hier und heute schien aber noch nichts draußen zu sein. Still sitzen, die Augen und Ohren weit öffnen, Bilder, Geräusche an sich herankommen lassen, registrieren, filtern. Das Normale fließt vorbei, wie unter mir der Bach. Das Auffallende macht hellwach.

Schnell ist entschieden, ob das Zittern im hohen Gras vom fliegenscheuchenden Lauscher eines Rehes kommt, oder ob dort nur eine Wühlmaus ein paar Grashalme in den Bau zieht. Nur selten braucht es noch den Blick durch das Fernglas zur Absicherung.

Schnell wird auch klar, daß die gluksenden, das monotone Plätschern des kleinen Baches störenden, Zusatzgeräusche nicht von einem Reh stammen, das hinter der Biegung und dem Weidengebüsch schöpft. Eine Bisamratte macht sich dort zu schaffen, und schon schwimmt sie den Bach herunter unter mir vorbei, einige grüne Kräuter quer im Maul. Die Zeit vergeht rasch, auch mit solch kleinen Dingen am Rande der Jagd und des Jagens.

So verstrich sie auch mir, an diesem Sommerabend, an dem sich zunächst nichts Aufregendes ereignete.

Und welcher köstliche Genuß, hier zu weilen, während zu Hause im Garten die Wildkräuter ungestört wachsen und knospen durften, während andere Gartenbesitzer schweißüberströmt und still vor sich hin fluchend diese überflüssigerweise bekämpften.

Auf einmal war die Sonne weg.

Eine Windböe pfiff durch meine Erle.

Mit schnellem Zugriff hielt ich meine Büchse, die an den Stamm gelehnt neben mir stand. Aber da war es auch schon wieder vorbei.

Nun kamen die Wolken im Westen aber doch in Bewegung.

Das sah aber doch jetzt nach einem Gewitter aus.

Dieser Gedanke beunruhigte mich.

Ich mag kein Gewitter. Ich habe Gewitterangst seit meiner Kinderzeit. Und ich schreibe das hier nieder ohne Scheu und Scham, wenn ich mir auch bewußt bin, daß sich Angst vor Gewitter oder vor was auch sonst nicht ziemt für einen Waidmann aus echtem Schrot und Korn.

Bin ich nie gewesen, ein solcher.

Außerdem kenne ich andere Waidgesellen, die ebensolche Nöte bekommen, wenn sich am Himmel etwas zusammenbraut. Nur sagen sie es nicht laut und nicht jedem.

Ich saß da in meinem Hemd und wenig Schutz. Der Lodenumhang lag bei Tatz. Die hatte übrigens auch Gewitterangst und würde beim ersten Donner unter das Auto kriechen. Was ist denn, wenn der Blitz in den Lauf einschlägt? In dieses stählerne Rohr, das ja wie geschaffen scheint, die Blitze anzuziehen! Da muß man doch weit weg damit! Und selber flach auf den Boden in die nächste Dickung. Ist man denn nicht selbst auch die schönste Verlockung für einen Blitz, hoch droben auf dem Baum?

Grummelte es schon?

Es war noch still. Vielleicht zog die Geschichte ja seitlich vorbei.

Leider hielten die dicken Wolken exakt Kurs auf meinen Sitz. Es war ja nicht weit bis zu meinem Wagen. Und der war ein Faraday'scher Käfig!

Soviel hatte ich vom Physikunterricht behalten und schon damals das Wichtige vom Unwichtigen gesiebt. Bei Gewitter hatte ein Faradayscher Käfig überlebenswichtige Bedeutung.

Die nächste Böe rauschte durch den Baum, und der Wipfel der Erle neigte sich um dreißig Grad. Gleichzeitig zuckte der erste sichtbare Blitz drüben über dem Wald. Der Donner brauchte vier Sekunden, bis ich ihn hören konnte. Demnach war der Blitz 1200 Meter entfernt heruntergekommen. Auch das wußte ich noch. Aus dem Physikunterricht. Schallgeschwindigkeit 300 Meter pro Sekunde. So in etwa jedenfalls. Teufel, das kam schnell!

Ich mußte 'runter. Ich wollte 'runter.

Und da erschien diese Ricke aus dem Wald und hinter ihr der Bock. Zweihundert Meter weit entfernt. Mit einem Blick durch das Glas hatte ich den Bock als alten Bock und als Abschußbock bestimmt. Aber er war zu weit, und das Gewitter war zu nahe. Die Böen gingen in einen Gewittersturm über, und wenn ich nicht vom Baum fliegen wollte, mußte ich machen, daß ich wegkam, bevor die Leiter sich löste, die Nägel sich aus dem Stamm zogen und der Sitz auseinanderbrach.

Ich packte meine Waffe, nahm die Patronen heraus, damit mir das Ding wenigstens nicht um die Ohren flog, wenn der Blitz einschlug und hastete die Leiter hinunter. Die beiden Rehe konnten mich nicht

hören bei dem Windgebrause. Und ob sie mich sahen, war mir bei allen Göttinnen und Göttern der Jagd so gleichgültig, wie nur irgendetwas.

Jetzt kam der Regen. Erwischte mich in halber Höhe. Bis ich am Boden war, war ich naß durch und durch.

Meine Büchse auch. Und nasser Stahl zog sicherlich den Blitz noch mehr an.

Ein Vorhang von Wasser schoß aus dem stockdunklen Himmel. Ich hastete über die Wiese hinter der Leiter, erreichte den Waldrand mit Müh und Not, legte die Büchse unter eine kleine Fichte und sprintete fünfzig Meter weiter. Dort ließ ich mich auf einer Lichtung ins Gras fallen. Rundherum stand Hochwald. Genug hohe Bäume für den Blitz. Den Flachmann dort auf der Lichtung würde er nicht finden. Ich war im Auge des Orkans, mitten drin im Gewitter. Es blitzte, krachte, stürmte und tobte. Und kalt wurde es auch, daß ich nur so klapperte.

Tatz, Natascha meine Beste, schlotterte mit Sicherheit genauso. Aber sie lag wenigstens trocken unter dem Auto. Es war keine so gute Idee gewesen, das Unkraut oder Wildkrautrupfen aufzugeben und sich der Jagd zu widmen. Die Sprüche, die einige Familienmitglieder von sich geben würden nach meiner Heimkehr, wußte ich jetzt schon. Hatte ich eben ›nach meiner Heimkehr‹ gedacht?

Wer wußte, ob ich dies hier überhaupt überleben würde! Ich lag zwar der Länge nach am Boden, wenige Zentimeter nur höher, aber auch ein Blitz kann sich einmal irren. Ich erinnerte mich, daß er vor einigen Jahren einmal in ein liegendes Schaf auf der Weide gefahren war.

Um den Gewittergott zu besänftigen schwor ich bei allen Heiligen, zukünftig meinen Garten ordentlich sauber zu halten von allem, das dort nichts zu suchen hatte.

Er schien mich zu erhören. Die Lichtblitze ließen nach, der Donner auch. Und schließlich wurde der Regen dünner und der Wind sanfter. Ich erhob mich, pitschnaß zwar, aber noch lebendig, klaubte meine Büchse unter den Büschen hervor und trocknete sie notdürftig mit meinem nassen Taschentuch.

Ein Blick durch den Lauf zeigte, daß dieser nicht mit Wasser gefüllt war und sich noch benutzen ließ.

Ich konnte ja einmal nachsehen, was meine Rehe machten. Vorher aber ging ich zum Wagen.

Tatz lag unter ihm und — schlummerte sanft vor sich hin. Na so etwas! Da kenn doch einer seinen Hund!

Ich verdrückte mich leise und ließ sie schlafen, pirschte im Wald an den Wiesenrand zurück und suchte die Gegend ab. Kein Reh war zu sehen. Und das war verständlich. Bei diesem Guß und Getöse hatten sie sich auch in den Wald verzogen. Da es dort aber jetzt ganz furchtbar von den Bäumen tropfen mußte, war zu erwarten, daß sie wieder erscheinen würden, um ihre nassen Röcke zu trocknen.

Der Umweg durch den Bach ging jetzt nicht mehr. Die Dämmerung kam rasch. Ich mußte direkt über die Wiese zur Leiter.

Kam ich unbemerkt hinüber, war es gut, klappte es nicht, so hatte es eben nicht sein sollen.

Es klappte. Ich kam auch auf den Sitz hinauf, ohne daß irgendwo ein Reh absprang oder zu schrecken anfing. Die Kühe kauten unbedarft an ihrem Gras wie vorhin. Hätten sie geahnt, welch herrliches Ziel für einen Blitz ihre schwarz-weißen, nassen Buckel sind, die Bissen wären ihnen im Maul stecken geblieben.

Auf dem Sitz oben angekommen, bemerkte ich nun, daß der Regen die Erlenzweige derart schwer gemacht hatte und tief herabhängen ließ, als läge dick der Schnee auf ihnen.

Sie hingen genau in mein Schußfeld. Es fand sich nicht die kleinste Lücke, durch die ein sicherer Schuß möglich gewesen wäre.

Verflixt und zugenäht, was ging den nicht schief an diesem Abend?

Ich mußte die Leiter wieder hinunter. Prompt kamen mir auf halbem Wege die zwei Rehe entgegen und traten aus. Die Ricke und der Bock. Ich brauchte das Glas nicht, um zu sehen, daß es der selbe war, wie vorhin. Die Rehe kamen nämlich um ein Vielfaches näher zu mir aus dem Wald. Sozusagen direkt gegenüber, vierzig Meter entfernt. Und auf dem unteren Leiterstück war ich ohne jegliche Deckung. Also kroch ich wieder hinauf.

Da hingen die Zweige quer. Es war zum Verzweifeln.

Zu allem Überfluß kam neuer Wind auf und Regen dazu. So ein Nachschauer, der aber ausreichte, um Wasser in den Lauf zu bekommen und getrübte Sicht durch mein Glas. Also mußte ich auch noch darauf aufpassen.

Abermals hinunter und dann, als ich aus der Deckung der Zweige kam, immer erst den Blick zu den Rehen, ob sie ästen und die Köpfe im Gras hatten.

Dann der nächste Schritt auf die nächste Sprosse. Wer hatte diese Leiter nur in ihrer ganzen verdammten Länge erfunden? Ich würde ein paar Worte darüber mit meinem Freund sprechen müssen bei der nächsten Gelegenheit.
Endlich war es geschafft, meine Füße berührten den Boden. Ich schlüpfte hinter die Leiter, um auf einer ihrer Sprossen anlegen zu können und dabei die Feststellung zu machen, daß jetzt das hohe Gras die Rehe verdeckte. Ich habe das *nicht* erfunden, um die Geschichte in die Länge zu ziehen. Ich beschwöre es.
Da stand ein fabelhafter Abschußbock mir gegenüber, und ich kam nach allen überstandenen Blitzgefahren und Todesängsten nicht dazu, den Finger krumm zu machen, weil mir dauernd irgendetwas im Wege stand oder hing.
Hinter mir hatte der Stamm der Erle einen Auswuchs einen Meter über dem Boden. Breit genug, um einen Fuß darauf zu setzen. Ich vertraute auf meine Profilsohlen. Mit ihnen dürfte ich eigentlich nicht so leicht abrutschen. Auch wenn der Stamm naß war.
So hob ich den rechten Fuß und setzte ihn auf den Knubbel. Den linken ließ ich baumeln. Damit stand ich einen Meter höher und genau zwischen den hängenden Zweigen und dem hohen Gras.
Ich stand nur nicht sehr fest und sicher, wie sich leicht denken läßt. Ich konnte aber immerhin den Lauf der Büchse jetzt auf die fünfte Leitersprosse legen und, wenn ich mich nur ordentlich verrenkte und verbog, auch den Bock durch das Zielfernrohr anvisieren.
Er stand ja nahe genug.
Er machte im Schuß einen senkrechten Start nach vorne-oben und preschte in den Wald. Die Ricke nach einer Schrecksekunde hinterdrein.
Das hatte so schlecht nicht ausgesehen. Mir würde noch eine gute viertel Stunde bleiben, um nachzusehen.
Zunächst ging ich leise über die Wiese zurück und zu Tatz. Mein Schuß hatte sie aufgeweckt. Sie spitzte die Ohren, soweit das bei ihren Schlappern möglich war und legte den Kopf schief. Und jetzt rührte sich auch ihr Rutenstummel. „Komm, altes Mädchen", sagte ich, „vielleicht gibt's ein bißchen Arbeit für dich!"
Falls der Bock krankgeschossen war, würde sie ihn nicht weit kommen lassen.
Wir gingen zum Anschuß und fanden gut Schweiß. Ich ließ Tatz von der Leine, sie schnüffelte nur Sekunden und zog dann bedächtig ab

zum Waldrand. Langsam folgte ich ihr, die Büchse schußbereit in der Rechten.

Mein Hund verschwand durch ein paar Farnstauden am Rand, ich hörte noch einen Zweig schwach knacken, dann nichts mehr.

Der Bock lag einige Meter vom Waldrand drinnen verendet. Tatz neben ihm. Sie schaute mich an mit einem Ausdruck, als hätte sie wer weiß was vollbracht.

Ich war trotz meiner wackeligen Schußpositur sehr gut abgekommen und die Kugel war durch Herz und Lunge gegangen, ein wenig schräg, aber kaum besser möglich.

Ich steckte mir wie üblich meine Pfeife an und erlebte zur Abwechslung die nächste Enttäuschung. Die Pfeife war so naß wie der ganze Raucher selbst, die Zündhölzer dazu, und nichts ging, brannte oder zog.

Ich steckte alles wieder in die Tasche und machte mich ans Aufbrechen.

Das war der Moment, auf den die Gewittermücken gewartet hatten. Hier fanden sie in der Dämmerung des Waldes gemeinsam mit den Gelsen eine Kuh, die nicht mit einem Schweif um sich schlug und mit dem Kopf hieb. Da war ein Tier mit saftig süßem Blut, daß sich nicht wehrte. Wie auch, mit dem Messer in der einen Hand und mit der anderen im Gescheide und nur darauf bedacht, so schnell als möglich nun ins Auto zu kommen und auf den Heimweg und nach Hause.

Wenigstens waren die Bremsen schon schlafen gegangen. Ich brachte es hinter mich, es war ja alles nicht so schlimm wie das Gewitter vorhin.

Dann schwang ich mir den Bock auf die Schulter, pfiff dem Hund und gab ihm freien Auslauf. Über den Bach und über die Wiese durch das triefende Gras. Am westlichen Himmel ein heller Streifen.

Es würde wieder ein schöner Tag werden, morgen.

Die Boandl Marie

Es war Ende der Fünfzigerjahre. Ich machte meine Doktorarbeit über die Brutbiologie des Großen Brachvogels und verbrachte die meiste Zeit der Frühjahr- und Sommermonate in einem bayerischen Niedermoor.

Dort gab es damals den Brachvogel noch recht zahlreich. Inzwischen ist er fast überall in Deutschland selten geworden, weil ihm die Trockenlegung der Hoch- und Niedermoore schlecht bekam. Mit seinem langen, gebogenen Schnabel kann er in hartem, trockenem Boden nicht nach Würmern und Insektenlarven stochern, wie das nun einmal so seine Art ist. Und außerdem wird es für ihn fast unmöglich, sein Gelege auszubrüten und seine Dunenjungen aufzuziehen, wenn die Wiesen und Weiden zu oft mit dem Trecker befahren werden oder die Viehhaltung zu intensiv ist.

Damals gab es solche Probleme für den Brachvogel noch nicht. Die harten Gräser der Niedermoore mitsamt den Schilfbeständen wurden einmal im Herbst gemäht und als Streu genutzt.

Vom zeitigen Frühjahr an bis in den Juli hinein aber herrschte Frieden und Ruhe im Moor, und wenn dann die Mahd einsetzte, waren die jungen Brachvögel längst flügge und rüsteten sich schon langsam für den Herbstzug.

Ein solches Niedermoor, von den Bauern einfach Moos genannt, lag am Nordende des Ammersees, vierzig Kilometer südlich Münchens. Ich hatte mir dort zwischen ein paar Weidenbüschen ein kleines Zeltlager hergerichtet, in dem ich hauste, wenn ich nicht im Moos unterwegs war.

Der Jagdpächter, ein feinerer Herr aus München, wußte Bescheid und hatte gegen meine Anwesenheit nichts einzuwenden. Im Gegenteil, nachdem ich ihm versprechen konnte, ein wachsames Auge in seinem Revier zu haben, war ihm das sehr willkommen. So recht traute er nämlich den Einheimischen rund um das Moos nicht über den Weg und hielt sie wahrscheinlich für die ärgsten Fallen- und Schlingensteller aller Zeiten.

Ich konnte ihn darüber aber nach einigen Monaten im Moos beruhigen, hatte ich doch nur einmal einen Buben erwischt, der den Kibitzen die Eier klaute. Sonst war mir nie etwas Verdächtiges aufgefallen.

Und dabei war ich nahe daran gewesen, zu glauben, einem Wilddieb auf der Spur zu sein. Oder besser einer Wilddiebin. Einem Weib.

Im März war ich ins Moos gekommen, kurz bevor die Brachvögel aus ihren Winterquartieren im Süden eintrafen.

Im April hatten sie auf ihren vier gut getarnten Eiern gebrütet. Manches Gelege, von mir mit viel Mühe und unter ständigem Beobachten der Altvögel gefunden, holten Fuchs oder Dachs sozusagen unter meinen Augen weg. Nachts, wenn ich nichts tun konnte. Ich kam zum Glück bald dahinter, daß sie ganz offenbar meinen Spuren im Moos folgten und damit auf die Gelege stoßen mußten.

Sobald ich dessen sicher war, vermied ich es, zu dicht an den Nestern vorbeizugehen, wenn ich meine Kontrollgänge machte, und von da an hielten sich die Verluste der Gelege in Grenzen.

Aber auch die Rohrweihen verschonten die Brachvogeleier nicht. Sie entdeckten sie aus der Luft, wenn sie im niedrigen Suchflug hin und her über das Moos strichen. Zwar waren die alten Brachvögel auf der Hut und griffen die Weihen stürmisch an, sobald sie dem Gelege zu nahe kamen, aber ab und zu gelang es einem der Greifvögel doch, ein Ei auszufressen. Im Mai schlüpften dann nach und nach die Küken, braun-gelb bedunt und von Anfang an sehr selbständig auf den großen Beinen und bei der Nahrungssuche.

Die Altvögel übernahmen jetzt hauptsächlich die Funktion von Wächtern und warnten mit lautem „Güg-güg-güg-güg", sobald ein Feind sich in der Luft oder am Boden zeigte.

Und wenn noch einmal ein Kälteeinbruch kam oder der Regen vom Himmel prasselte, schoben sich die Küken unter das Bauchgefieder der Eltern. Dort saßen sie trocken und warm. An einem Maisonntag war es, daß ich eine seltsame Gestalt im Moos entdeckte.

Von meinem Zeltlager aus sah ich etwas Schwarzes durch Ried und Schilf schleichen, bekam aber selbst mit meinem guten Fernglas nicht klar, was es war.

Der erste Gedanke galt einem Wildschwein. Sie waren in den Wäldern um das Moos zu Hause, aber im Moos hatte ich noch keines gesehen oder gefährtet.
Also kletterte ich auf den nächsten Aussichtsbaum, um mir die Geschichte von oben anzusehen.
Es war ein menschliches Wesen, das sich da zu schaffen machte. Ein weibliches Wesen, nach Rock und Kopftuch zu schließen. Die Frau ging langsam und gebückt. Offenbar suchte sie etwas am Boden. Sie trat hier ein paar Schritte nach links, dann wieder nach rechts, blieb stehen, drehte sich um. Und immer den Kopf zum Boden gewendet.
Jetzt tauchte sie in einem der kleinen Birkenwäldchen unter, wie sie im Moos verstreut lagen. Kam auf der anderen Seite wieder heraus und verschwand dann allmählich meinen Blicken. Ich dachte mir zunächst nicht allzuviel dabei. Kamen doch öfter einmal die Frauen der Bauern ins Moos, um irgendetwas zu sammeln, Kaninchenfutter oder Schwammerln im Herbst. Allerdings blieben sie meist an den Rändern, und kaum ein Mensch verirrte sich tiefer hinein.
Am nächsten Sonntag Vormittag war dieses schwarze Weib wieder in meinen Brachvogelrevieren.
Sollte die Suche vielleicht den Junghasen oder gar den Rehkitzen gelten, die es jetzt gab?
Obwohl ich dem Jagdpächter zugesagt hatte, auf Wilderer aufzupassen, hätte mich die Sache doch nicht weiter allzusehr beschäftigt. Nur brachte dieses Weib meine Brachvögel aus der Ruhe, die Angst um ihre Küken hatten, und störte deren Familienleben beträchtlich.
Am Abend ging ich ins Dorf in die Wirtschaft. Der Wirt kannte mich inzwischen leidlich und ich ihn auch. Das Bier schmeckte köstlich nach einem heißen Tag im Moos, ebenso die Knödel und das G'selchte.
Ich beschrieb ihm meine beiden Beobachtungen und das Weib im schwarzen Rock und Kopftuch und fragte ihn, ob er wüßte, wer sich da herumtreiben könnte.
„Ah, des is die Boandl Marie, de spinnt", war seine Antwort. Marie mit der Betonung auf dem a.
Warum die Alte Boandl Marie genannt wurde und warum sie spann, das hörte ich bei weiteren drei Maß Bier.

Ihren Mann, den Huber Lois, hatten sie vor ein paar Jahren beim Wildern im Moos erwischt. Da er sich der Aufforderung des Forstbeamten, sein Gewehr wegzuschmeißen und die Hände hoch zu nehmen nicht schnell genug gefügt hatte, war es zu einem Schußwechsel gekommen. Der Lois einmal, der Forstbeamte zweimal.
Getötet oder schwer verletzt wurde keiner, aber der Lois büßte den Mittelfinger seiner rechten Hand ein. Er blieb gewissermaßen auf der Strecke.
Und in dem folgenden Durcheinander kam von den beiden Beteiligten auch keiner auf die Idee, nach dem abgeschossenen Finger zu suchen.
Der blieb im Moos.
Der Lois kam ins Gefängnis, der Forstbeamte wurde versetzt. Den Dorfpolizisten, der auch noch einigermaßen hätte Bescheid wissen können, traf kurz nach dem Vorfall während einer ausgedehnten Zecherei der Schlag.
Und dann verschied auch der Lois. Im Gefängnis und ohne seine Marie noch einmal gesehen zu haben.
Er wurde am Dorffriedhof am Rande des Mooses beigesetzt und hätte dort seine Ruhe finden können.
Aber seine Frau, die Wittib Marie, fand die Ruhe nicht. Ihr ging es nicht in den Kopf, daß ihr Mann in geweihter Erde lag, aber ohne seinen rechten Mittelfinger. Wie sollte er einstmals vor Gott treten, derart verschandelt?
Und seither kroch Marie im Moos herum, in der Hoffnung, das fehlende Boandl wieder zu finden. Ein Boandl ist auf bayrisch ein Knochen. Ein Hendlboandl ein Hühnerknochen. Daher also der Name Boandl Marie.
Sie sollte, jedenfalls nach den Behauptungen meines schon leicht angetrunkenen Wirtes, zu Hause schon eine stattliche Sammlung von Boandln besitzen. Nur paßte ihr keines davon so richtig zur Hand vom Lois. Das eine war bestimmt zu lang, das andere zu zart. Ein halber Unterkiefer einer Katze kam schon überhaupt nicht in Frage und die Rehrippe auch nicht. Und da die Marie eben nicht wußte, wo die Schießerei stattgefunden hatte, konnte sie nicht gezielt suchen. Das Moos war weit und groß.
Also, nun wußte ich Bescheid.
Die Boandl Marie war zwar harmlos, aber sie störte. Ich konnte nicht riskieren, wegen ihr meine Doktorarbeit um ein Jahr verlängern zu müssen. Sie mußte verschwinden aus dem Moos.

Ich machte mich, etwas unsicher auch, auf den Heimweg zu meinem Zeltlager und mußte aufpassen, den schmalen Wiesenpfad nicht zu verfehlen in der Nacht. Ein Bad im Wassergraben war nicht mein Wunsch.
Mit meinen Überlegungen kam ich nicht weit. Ich mußte erst einmal ausschlafen.
Am nächsten Morgen beschloß ich dann, einfach einmal mit der Marie zu reden, wenn sie wieder auftauchte. Sie ließ sich vielleicht davon überzeugen, daß ihre Suche keine Aussicht auf Erfolg haben würde.
Dieses „Gespräch", es fand ein paar Tage später mitten im Moos statt, erbrachte aber leider ebensowenig Aussicht auf Erfolg.
Außer einigen „Ha?" und „wos moanst?" brachte ich aus Marie nichts heraus, so viel ich auch selber redete. Sie hörte auch nicht richtig hin und kroch dauernd um mich herum, fuhr einmal hier mit der Hand ins Gras, dann dort. Sie war wohl wirklich nicht gut beinander im Kopf.
Ich gab es bald auf.
Aber ich *mußte* sie loswerden. Sie brachte alles durcheinander.
Ein Studienfreund kam mich abends besuchen. Wir hockten vor dem Zelt, hörten den Laubfröschen zu und den Bekassinen. Ich erzählte ihm von der Boandl Marie und meinen Nöten. Und dann fand er die Lösung aller Probleme.
Er sagte: „Wir haben da doch den Präparator am Zoologischen Institut..." und im selben Moment zündete sein Gedankengang bei mir, daß ich ihm den Satz abschnitt „... der kann helfen!" Am nächsten Tag war ich im Institut bei unserem Präparator. Ich setzte ihm kurz auseinander, was ich von ihm brauchte. Drei Mittelfingerknochen aus Kunststoff. Er sagte „nichts leichter als das, ich schick sie dir mit der Post hinaus. In fünf, sechs Tagen hast du sie!"
Sie kamen an, fein säuberlich verpackt und arg weiß. Das ließ sich leicht ändern dadurch, daß ich sie für vierundzwanzig Stunden in Moorerde steckte. Zusammengehalten wurden die Kunstknöchelchen durch einen Silberdraht, der aber so geschickt eingearbeitet war, daß man ihn nicht sehen konnte.
Für Marie würde es sicher nicht verdächtig sein, daß die drei Knochen noch zusammenhingen. Das mußte schon so sein, den jeder Knochen einzeln hätte für sie keinen Finger ergeben.

Am nächsten Tag waren sie schön gelbbraun eingefärbt. Ich half noch weiter nach, indem ich nochmals Torferde darüber rieb und ordentlich einmassierte.
Nun galt es eigentlich nur noch, Marie mit ihrer Nase auf die versteckten Knochen zu stoßen, ohne daß sie den Braten roch.
Aber ich traute ihr inzwischen nicht so viel Verstand zu, daß sie das Spiel durchschauen könnte. Selbst ein ausgebuffter Goldgräber, der nach langer, mühevoller Suche endlich auf ein Nugget stieß, würde kaum auf den Gedanken kommen zu untersuchen, ob er echt war.
Zwei Tage später war es dann soweit. Die Boandl Marie kroch durch's Moos, gebückt und schwarz wie immer. Ich steckte meinen Kunstfinger in die Tasche meiner Windjacke und pirschte mich vorsichtig an sie heran. Dabei war das Glück oder der Zufall ein wenig auf meiner Seite. Marie schlurfte einen der alten, versumpften und fast zugewachsenen Moorgräben entlang, an dessen Rändern das Gras nicht ganz so hoch stand, wie anderswo.
Vielleicht fünfzig Meter vor ihr machte der Graben einen scharfen Knick nach rechts, das wußte ich. Und von dort kam ich ihr entgegen. Ob sie mich gesehen hat, weiß ich nicht. Ich glaube es kaum. Sie schaute ja immer nur auf den Boden.
Jedenfalls ließ ich den Finger diesseits des Knicks fallen, trat ihn mit dem Schuh ein bißchen in die dunkle Erde, sprang über den Graben und ging hinter einem Erlenbusch in Deckung.
Marie grummelte vor sich hin, vertieft in ein Selbstgespräch, fuhr wieder mit den Händen mal hier, mal dort ins Gras.
Dann war sie am Knick und bog ab nach rechts. Blieb nach ein paar weiteren Schlurfern stehen und starrte auf die Erde.
Ich kam ins Schwitzen hinter meinem Busch.
Marie bückte sich noch mehr, ihr Buckel wurde noch krummer als sonst. Dann ging die Alte in die Hocke und nahm etwas auf von der Erde.
Sie hielt das lang Ersehnte in der Hand, und ich meinte ein glückliches Huschen über ihr Gesicht zu erkennen. Aber viel sah ich nicht, wegen des Kopftuches. Vielleicht stellte ich es mir auch nur vor. Es wird schon so gewesen sein.
Es dauerte eine ganze Weile, bis Marie wieder auf die Beine kam. Und bis sie mit ihrem Schatz davonschlich hinüber zum Dorf. Es schien fast, als schwebte sie geisterhaft über die Bülten.

Ich habe sie nie wieder gesehen. Ich habe damals auch keinem von dieser Geschichte erzählt, nur meinem Freund, der schließlich die Idee geboren hatte.

Die Marie wird halt den Finger ins Grab vom Lois gegeben haben, denke ich mir, und auch endlich ihre Ruhe gefunden haben. Im Dorf bei den Bauern blieb sie die Boandl Marie. Und im Moos war wieder Ruhe.

Die Brachvögel brauchten sich nicht mehr aufzuregen über die schwarze Gestalt, die zwischen ihren Jungen herumkroch, die Frösche konnten sich wieder an den Grabenrändern sonnen, ohne einen Kopfsprung ins Wasser machen zu müssen, wenn die Marie vorbeikam.

Und ich brachte meine Arbeit fertig und konnte sie im Herbst abgeben. Die Brachvögel waren mir in diesen Jahren im Moos vertraut geworden, wie selten eine Vogelart zuvor. Aber, wie gesagt, sie verschwanden dann schnell. Das Moos wuchs zu mit Schilf. Gemäht wurde nicht mehr. Und im Schilf fühlten sich die Brachvögel nicht wohl.

Sie sind jetzt lange schon fort. Und auch die Boandl Marie wird sicher schon längst bei ihrem Lois und allem, was zu ihm gehört, liegen.

Kitzfangen

Peter rief mich Mitte Mai an und fragte mich, ob ich Lust hätte, für ein verlängertes Wochenende zu ihm in die Jagd zu kommen.
„Fritz ist auch da, wir wollen Kitze markieren!"
Peter markierte seit ein paar Jahren Rehkitze mit bunten Ohrmarken, weil er nun endlich genau wissen wollte, wie alt der jeweilige Bock oder die Ricke waren, die er eben geschossen hatte.
Nachdem er einmal in seinem weitläufigen, eingezäunten Park zwei Knopfböcke gehalten hatte, die sich im nächsten Jahr zu prächtigen Sechsern mauserten, glaubte er die Geschichten von den ewigen Knopfböcken nicht mehr so ganz. Und den Altersbestimmungen der Trophäenbeschauer stand er noch viel mißtrauischer gegenüber.
Ich hatte da auch so meine eigenen Gedanken und deswegen fand ich die Markiererei eine gute Sache. Bisher war ich aber noch nie selbst dabei gewesen.
So sagte ich mein Kommen zu und setzte mich an einem Freitagmittag in die Bahn, fuhr vom Norden nach dem Süden, und beim Überqueren der Donau begann mein bayerisches Herz schneller zu schlagen.
Peter holte mich ab, verlud mich und meine wenigen Dinge in seinen Rangerover und gab Gas.
Peter gab immer Gas, solange ich ihn kannte. Und das war schon recht lange. Seit unserer Schulzeit.
Peter machte immer fünf Sachen auf einmal oder doch so schnell und so kurzzeitig nacheinander, daß es für einen normalen Sterblichen den Eindruck von gleichzeitig erwecken mußte.
Peter leitete eine Fabrik, jagte, betrieb so etwas wie eine Fischzuchtanstalt, imkerte, fuhr oder flog alle paar Monate in ein wildes Land, um dort Vögel zu beobachten und zu filmen, kochte, machte ein, kümmerte sich um Park und Garten. Nebenher hatte er eine charmante Frau und einen Haufen Kinder.

Wenn ich einen Tag mit ihm unterwegs war, hing mir abends die Zunge aus dem Hals und ich war halbtot.
Das lag sicher nicht nur an den paar Jahren Altersunterschied zwischen ihm und mir. Er war einfach von oben bis unten voller Energie und Tatendrang. Dazu kam, daß er die meisten Dinge besser konnte, als andere. Das wußte er auch. Also machte er lieber alles selbst.
Bei einer gemeinsamen Südfrankreichexkursion waren wir einmal auf eine der großen Perleidechsen gestoßen, die dort vorkommen. Bevor einer von uns sie fangen konnte, um ein gutes Foto machen zu können, verschwand die Echse in einem Steinhaufen.
Der Haufen hatte den Umfang eines einstöckigen Wohnhauses, und ich sagte nur, die ist weg.
Peter sagte, die krieg' ich und fing an, den Steinhaufen abzuräumen. Bei 40 Grad im Schatten. Er warf einen Stein nach dem anderen hinter sich, wie ein Dachs, der Sand aus seinem Bau schaufelt, und als er den halben Haufen abgeräumt hatte, kam die Perleidechse in Sicht. Sie saß in einem blinden Gang fest und ließ sich ohne Umstände fangen.
So war eben Peter.
Jetzt fuhren wir in sein Revier und zu seinem Jagdhaus, das er sich im Dorf gemütlich eingerichtet hatte. Fritz erwartete uns schon, aber immerhin war ihm eine Stunde Ruhe vergönnt gewesen.
Ich bekam gerade so viel Zeit, um mein helles Hemd gegen ein grünes zu tauschen und fand mich schon wieder im Rangerover.
Ab ging die Post, hinein ins Revier.
Peter zählte innerhalb der nächsten zehn Minuten die jagdlichen Erlebnisse des vergangenen Jahres auf und setzte mich dann unter einer Leiter aus.
„Paß auf, wo Ricken stehen", sagte er und wollte schon wieder Gas geben.
„Wieso Ricken", fragte ich schnell, „wir wollen doch Kitze fangen!"
„Das kommt morgen früh. Heute Abend müssen wir schauen, wo Ricken stehen und dumm dreinschauen!"
„Was heißt denn 'dumm dreinschaun?"
„Mensch", sagte Peter, „wenn eine Ricke in der Wiese steht und so ein Gesicht macht, als ginge sie die Welt nichts an, dabei aber ständig am Sichern und Herumschauen ist, dann hat die da garantiert ein Kitz liegen!"

Aha!
Immerhin hatte ich schon manche Ricke mit Kitz beobachten können, aber daß sie dumm dreinschauen, war mir bisher nicht aufgefallen.
Ich würde darauf achten.
Peter brauste mit Fritz davon, um nach dumm dreinschauenden Rikken an anderen Orten zu fahnden. Ich stieg auf die Leiter mit dem beruhigenden Gefühl, die nächsten zweieinhalb Stunden vor Peters Aktivitäten einigermaßen sicher sein zu können.
Das Gras stand hoch auf den Wiesen, und die Wiesen blühten herrlich in vielen Farben. Das waren noch andere Wiesen hier, als die überdüngten Löwenzahnfelder im Norden.
Auf einem Zaunpfahl links von mir landete ein Kuckuck und rief. Ab und zu verhaspelte er sich und machte ku-kuck-kuku. Wie eine Ringeltaube.
Grund seiner Aufregung war ein Weibchen, das in der Nähe in den Büschen umherhüpfte.
Einem Bachstelzenpaar gefiel das gar nicht, und die beiden flogen den Kuckucken so lange um die Köpfe, bis sie endlich abstrichen. Wahrscheinlich gab es von den Bachstelzen ein Nest in der Nähe, das zu finden sich die Kuckucksfrau bemüht hatte.
Die Wiese vor mir war sehr groß. Hinter der Wiese lag ein Kartoffelakker und hinter dem nochmals eine Wiese. Es war also gute Sicht rundum.
Die Spätnachmittagssonne schien mir schräg ins Gesicht, und ich döste ein wenig vor mich hin. Auch Bahnfahren macht müde.
Als ich die Augen wieder ordentlich weit aufmachte, stand in der rechten Wiesenecke ein Reh. Eine Ricke.
Wie schaute die denn nun?
Zunächst schaute sie gar nicht, sondern tat sich nieder. Im hohen Gras konnte ich sie nicht mehr sehen.
Es dauerte nicht lange, da stand sie wieder auf. Ich beobachtete sie durch das Fernglas. Sie hielt die Lauscher aufmerksam hoch und äugte mehr oder weniger unbeweglich ständig in Richtung Wald. Sonst tat sie nichts.
Sie schaute tatsächlich etwas dumm aus. Meinte ich wenigstens. Na gut. Ich merkte mir die Stelle. Wenig später erschien auf der hinteren Wiese ebenfalls eine Ricke. Auch sie hatte die Lauscher steil aufgerichtet und so eine gewisse angespannte Haltung.

Das Gras war dort nicht ganz so hoch, und irgendwann konnte ich etwas Dunkles, Kleines zwischen ihren Läufen herumkrabbeln sehen. Die Ricke nahm ihr Haupt herunter und beschäftigte sich mit diesem Etwas, das natürlich nur ein Kitz sein konnte.
Auch diesen Platz prägte ich mir ein.
Dann wurde es dämmrig. Eigentlich konnte jemand mich langsam abholen.
Ich hörte endlich Motorengeräusch, sah Scheinwerfer zwischen den Stämmen im Wald aufblitzen und stieg die Leiter hinunter.
Das Motorengeräusch erstarb, es knallte.
Was war denn jetzt?
Stimmen. Peters Stimme „den hat's, hinterher!"
Jemand rannte durch den Wald einen Hang hinauf. Es krachte und knackte.
„Da liegt er!"
Und wieder Ast- und Laubgeraschel. Schließlich sprang der Motor wieder an, Scheinwerfer auf, der Rangerover nahte und dann sprangen Peter und Fritz bei mir heraus.
„Hab' grad noch einen Fuchs erwischt, der ist mir doch von da unten quer..." Der Bericht über die Fuchsjagd im Stockfinsteren erfolgte in Peters prägnanter Art unter Auslassung jeglicher Nebensächlichkeiten, jedoch mit entsprechender Würdigung seiner Schießkünste. Die besaß Peter unbedingt. Der Fuchs lag hinten im Wagen und war ein recht magerer Bursche.
Peter und Fritz hatten auch jeder zwei kitzverdächtige Ricken entdeckt. Ich beschrieb meine beiden Plätze, während wir durch Wald und Feld Richtung Dorf fuhren. Wir würden morgen also gute Aussichten haben, ein paar Kitze zu fangen.
Plötzlich meinte Peter „ach, da fällt mir g'rad noch was ein", riß das Steuer herum und fuhr zwischen Stämmen und Stuken, Steinen und Löchern einen Hang hinunter durch ein Wiesental und auf der anderen Seite wieder hinauf. Ohne Weg oder etwas Ähnliches.
Ab und zu schrammte ein dicker Ast unter dem Wagen, ein größerer Stein krachte an den Auspufftopf.
Eine kleine Hütte tauchte im Licht der Scheinwerfer auf. „Da muß ich schnell noch aufräumen", sagte Peter.
Fritz sagte „Ich hab' Hunger".
Er sah auch richtig danach aus, dachte ich.

Ich enthielt mich eines Kommentars, obwohl ich auch Hunger hatte. Aber aus Erfahrung wußte ich, daß, wenn Peter etwas vorhatte, jeglicher Einwand zwecklos war.

In den nächsten eineinhalb Stunden räumten wir die Hütte auf, in der irgendein Streuner für eine Weile gehaust zu haben schien, scheuchten ein paar Mäuse aus dem Schlaf und einen Siebenschläfer zum Dach hinaus.

Mit dem Ausruf „Mensch, ein Siebenschläfer", war Peter drauf und dran zur Jagd nach dem grauen Pelzträger aufzubrechen, und nur Fritz und meiner gemeinsamen nachdrücklichen Behauptung, der wäre schon längst zwanzig Meter hoch im nächsten Baum, konnten ihn davon abhalten. Die Hütte sah endlich einigermaßen brauchbar aus.

Peter verstaute allerhand Gerümpel im Wagen, das im Wald nichts zu suchen hatte. Meine Bemerkung, daß er damit wahrscheinlich ein paar hundert Flöhe eingeladen hätte, quittierte Peter mit dem Satz: „Die sitzen morgen auf dem Hund und der hat ein Flohhalsband!"

Endlich waren wir dann im Jagdhaus, aßen noch ein paar Bissen, tranken ein Bier und hauten uns reichlich müde in die Betten. „Ich weck' euch um fünf", sagte Peter. Er war überhaupt nicht müde.

Er war auch am nächsten Morgen wundervoll frisch und ausgeschlafen. Im Gegensatz zu uns. Er hatte schon das Frühstück gemacht und wir dankten es ihm stumm. Auch die notwendigen Utensilien, die zum Kitzfangen und Markieren gebraucht wurden, waren bereits im Wagen verstaut.

Während ich an meinem Honigbrot kaute, der Honig stammte aus Peters eigenen Bienenstöcken, hörte ich mir an, wie die Sache vor sich gehen würde.

Wir würden dort, wo am Abend vorher Ricken gesehen worden waren, kitzverdächtige Ricken, langsam in lockerer Reihe durch die Wiesen gehen und nach den kleinen, nierenförmigen Betten der Kitze Ausschau halten. In ihren ersten Lebenstagen blieben sie ja in unmittelbarer Nähe des Platzes, an dem sie gesetzt worden waren und hinterließen beim Ablegen jedesmal einen Abdruck im Gras.

Hatte man so ein Kitzbett entdeckt, mußte man sehr genau in der Nachbarschaft nachsehen, bis man schließlich das Kitz selber fand.

Dann Alarm an die anderen, Jacke über das Kitz schmeißen, sich selbst hinterher, das Kitz, wenn nötig festhalten und warten, bis Peter zum Markieren kam.

Das klang alles sehr einfach und stellte sich in der Praxis dann ebenso einfach heraus.

Fritz fand als erster Kitzbetten und gleich darauf auch das Kitz selbst. Es war vielleicht vier Tage alt, ein winziges Ding. Es blieb völlig regungslos im Gras liegen und ließ alles ungerührt mit sich geschehen. Es zuckte nicht einmal, als Peter ihm den spitzen Dorn der roten Marke durch den kleinen Lauscher stach. Vielleicht waren Rehe an dieser Stelle genau so unempfindlich, wie wir an den Ohrläppchen.

Die ganze Angelegenheit dauerte kaum zwei Minuten, dann konnten wir das Kitz in Ruhe lassen und weitersuchen. Der nächste, der ein Kitz entdeckte, war ich. Dieses machte einen wesentlich älteren Eindruck und war gut eine Woche auf der Welt. In diesem Alter, so Peter, blieben Kitze nicht mehr auf Gedeih und Verderb liegen sondern versuchten schon einmal ihr Heil in der Flucht. Dann mußte man hinterherspurten und furchtbar brüllen. Damit ließ sich manchmal erreichen, daß das Kitz sich vor lauter Schreck wieder ins Gras schmiß und liegenblieb.

Mein Kitz machte keine Anstalt, davonzulaufen. Ich deckte es mit meiner Jacke zu und hielt es locker fest. Peter kam, holte sich einen Lauscher unter der Jacke heraus und zwickte die Marke hinein.

In diesem Augenblick erwies sich meine Vermutung auf Schmerzunempfindlichkeit als falsch, denn das Kitz begann jämmerlich zu fiepen. Zwar nur kurz, aber das hatte gereicht, um seine Mutter zu alarmieren.

Vermutlich in der Meinung, ein Fuchs würde dem Kitz am Hals hängen, kam diese im gestreckten Galopp wie eine wilde Furie aus dem Wald angeprescht und hielt genau auf uns zu.

Peter und ich hockten noch am Boden neben dem Kitz, Fritz stand dabei, ein paar Meter entfernt.

Die Ricke sprang vom Waldrand auf die Wiese und bevor sie offenbar noch wahrnehmen konnte, wen sie da annahm, war sie schon bei uns, mit einem Riesensatz über Peter und mich hinüber und im Bogen zurück in Deckung.

Ich hatte mich flach ins Gras geworfen, in der Annahme, von der Ricke mit den Vorderläufen ein Paar abzubekommen, wie ich das einmal bei einem wirklichen Fuchs erlebt hatte.

Meine beiden Freunde lachten sich halbtot.

Jetzt war wohl ich derjenige, der dumm dreinschaute.

113

Wir haben solche Rickenattacken auch noch mehrmals erlebt. Sie donnerten immer dann zur Rettung heran, wenn das Kitz fiepte und die Ricken uns vorher nicht mitbekommen hatten. Sie waren wirklich wie ein Blitz zur Stelle, und ein Raubfeind, der das Kitz nicht mit dem ersten Zubiß töten konnte, hätte vermutlich kaum eine Chance besessen, der wütenden Mama zu entkommen.

So bekamen wir eindrucksvoll die Beweise der Verteidigungsbereitschaft unter Rehen geliefert.

An diesem Morgen bekamen wir vier Kitze. Eines, das schon älter war, entwischte uns. Es sprang aus seinem Bett auf, bevor wir reagieren konnten und nahm die nächste Deckung im Wald an.

Alle Kitze wurden mit roten Marken im rechten Lauscher gekennzeichnet. Rechts stand für eine gerade Jahreszahl. Peter hatte das von der Vogelberingung her übernommen, wo man es auch so machte. Rot war die Farbe für dieses Jahr. Fünf Farben, Rot, Blau, Grün, Gelb und Weiß reichten aus, um damit zehn Jahre abzudecken. Älter wurde ein Reh kaum.

Am nächsten Tag fanden wir noch ein Einzelkitz und anschließend Zwillinge. Und weil das Wetter so schön war und uns das langsame Umherstreifen und Suchen mit der aufregenden Einlage des Markierens ganz einfach auch Spaß bereitete, machten wir am Vormittag weiter.

Inzwischen hatte mir Peter auch eine Markierungszange anvertraut, und traute mir offenbar zu, daß ich mit der Geschichte alleine fertig werden konnte.

Ich fand auch tatsächlich wieder ein Kitz, dicht an einem Waldrand in einem schmalen Wiesenstreifen und markierte es. Das Kitz blieb ruhig liegen.

Fritz und Peter waren von der gegenüberliegenden Wiesenseite auf dem Weg zu mir, als ich aufstand und ihnen entgegenging.

Auf einmal blieben die beiden stehen und starrten auf irgendetwas hinter mir. Ich drehte mich um, und da lief ein Kitz hinter mir her. Ohne Marke!

Es lief einfach auf mich zu, voller Vertrauen und hielt mich sicher für seine Mutter.

Fritz meinte, bei mir würden die Kitze jetzt schon freiwillig zum Markieren antreten, das müsse wohl an meinem Zoologenberuf liegen, oder ob ich vielleicht Eigenschaften des heiligen Franz von Assisi an mir hätte.

Natürlich schnappten wir uns das Kleine auch noch. Es war wieder ein Zwilling von dem Kitz, das ich eben markiert hatte.

Das nächste Kitz fand Peter. Es war wieder älter und sprang auf und wollte flüchten.

Peter warf seine Jacke weg und rannte hinterdrein. Er brüllte wie ein Stier, Unverständliches aber um so lauter.

Tatsächlich warf sich das Kitz in die nächste Deckung hinter einen kleinen Busch. Und da hatte er es.

Am Sonntagabend setzten wir uns noch einmal an.

Meine Leiter stand auf einem flachen Hang, auf dem allerlei Büsche wuchsen, zwischen denen es aber viele freie, graswachsene Stellen gab. Hinter mir war Hochwald. Vor mir ging der Blick über Felder bis hinunter zu einem kleinen Weg.

Lange tat sich nichts. Dann hörte ich es leise hinter mir knacken, und bald darauf trat rechts von mir eine Ricke aus.

Sie zupfte sich ein paar Gräser und Kräuter, trat zwischen den Büschen hin und her und warf alle Augenblicke auf.

Mit der Zeit wurde sie dann ruhiger. Sie war gar nicht weit weg, und ich konnte sie mit bloßen Augen gut beobachten.

Auf einmal war ein Kitz bei ihr. Es mußte irgendwo in den Büschen gelegen haben. Sofort suchte es das Euter und saugte und stieß, daß sich die Alte kaum auf den Beinen halten konnte. Es war ein kräftiges Kitz, das ich auf gut zwei Wochen schätzte.

Nachdem es satt war und die Ricke es hingebungsvoll und ausgiebig beleckt hatte, stieg es mit staksigen Beinen den Hang hinunter und tat sich hinter einem hohen Grasbüschel nieder.

Es war nicht schwer, sich diese Stelle zu merken. Ich blieb aber auf der Leiter, weil ich die Markierungszange nicht bei mir hatte und Fritz und Peter in einer ganz anderen Ecke des Reviers ansaßen und nicht mit Rufen zu erreichen waren.

Schließlich tauchten sie nach einer Stunde auf, unten am Weg. Sie stiegen aus dem Wagen und palaverten über irgendetwas. Aber sie mußten mich dort hören, wenn ich das Kitz hatte und rief.

Vorsichtig verließ ich die Leiter und Schritt um Schritt tastete ich mich zu dem Grasbusch heran. Dieses Kitz würde mit Sicherheit einen Fluchtversuch unternehmen, wenn ich nicht unbemerkt herankam. So kräftig, wie es war, ließ es sich dann auch mit Gebrüll nicht mehr einschüchtern und fangen.

Dann sah ich es liegen. Ich war noch drei Meter entfernt. Sein Kopf lag seitlich am Körper, die Augen waren zu.
Es schlief.
Meine Jacke hatte ich schon wurfbereit in den Händen. Ich machte noch einen Schritt vorwärts, streckte gleichzeitig die Arme mit der Jacke aus und schmiß mich über das Kitz ins Gras.
Wupp, da lag es unter der Jacke. Zwar fing es mächtig an zu strampeln, aber das nützte ihm nichts.
Ich schrie nach Peter und seiner Zange, und schließlich hörten die mich auch und kamen über das Feld herüber und herauf.
Das war nun ein erfolgreicher Abschluß unserer dreitägigen Kitzfangerei. Alles in allem hatten wir elf Kitze fangen und markieren können. Das war ganz beachtlich.
Im Nachtzug nach Hause ließ ich mir die Geschehnisse dieser Tage noch einmal durch den Kopf gehen und erlebte im Geiste alle Einzelheiten noch einmal.
Es hat sich dann in den Jahren später anhand der markierten Rehe in Peters Revier durchaus gezeigt, daß Alter und Zahnabschliff nicht immer zu einander passen müssen und es da ganz erhebliche Abweichungen geben kann. Ich erinnere mich da an den Schädel einer Ricke, den Peter mir zeigte und die im Abschußjahr das stolze Alter von acht Jahren auf dem Buckel hatte. Der Zahnabschliff war aber nicht entsprechend. Man hätte ihr da ein weit jugendlicheres Alter bescheinigt, fünf Jahre oder höchstens sechs.
Umgekehrt verhielt es sich bei einem fünfjährigen Bock, dessen Zähne derart heruntergekaut waren, daß er eigentlich hätte verhungern müssen.
Natürlich spielt beim Zahnabschliff alles mögliche eine Rolle, das weiß jeder Jäger, der damit zu tun hat. Die Äsung, die Äsungsverhältnisse, Krankheiten, Streß. Aber eine so deutliche Variationsbreite, wie sie die als Beispiele angeführten beiden Stücke zeigten, wird bei den Altersbestimmungen für die Trophäenschauen niemals berücksichtigt.
Und wenn das Suchen und Fangen der Kitze in jenen Maitagen auch mächtig Spaß gemacht hat, wenn wir dann später auch auf's Jahr genau das Alter von dieser Ricke und jenem Bock wußten, so störte mich doch etwas daran.
Die Marke im Lauscher.

Da tritt ein Reh aus dem Wald, vielleicht sogar ein prächtiger, guter Bock, wedelt mit den Lauschern, und dann wackelt da so ein rotes oder gelbes Wapperl wie bei einem Zuchtochsen.
Da verschätze ich mich dann doch lieber um ein, zwei Jahre mit dem Alter.

Hamstervolk

In Oberbayern gibt es keine Feldhamster. Solange ich dort aufwuchs, in die Schule ging und später studierte, kannte ich sie daher nicht. Dann kam ich nach Norddeutschland und lernte sie kennen.
Zuerst machte meine damalige Deutsch-Langhaar-Hündin Imme die Bekanntschaft mit ihnen. Sie war nicht sehr angenehm, und Imme haßte Hamster anschließend. Wir gingen spazieren am Rande eines abgeernteten Weizenfeldes, als ein Hamster stattlichen Formats mit vollen Backen seinem Bau zustreben wollte, schwerfälligen, wenngleich durch unser Nahen beflügelnden Schrittes. Imme sah ihn. Sie war ein raubzeugscharfer Hund wie selten einer und gewohnt, mit den wildesten Bestien fertig zu werden. Dies hier schien ihr höchstens eine etwas größere Maus zu sein, die sie sonst fing und auffraß. Sie machte vier, fünf Sätze auf den Hamster zu und hatte ihn an der rechten Lefze hängen.
Sie schnappte um sich und schüttelte den Kopf wie verrückt, aber der Bursche ließ nicht los. Ich fand schließlich einen dicken Stecken und schlug den Hamster tot, was gar nicht so einfach war, weil ich ja meinem Hund nicht auf die Schnauze schlagen wollte. Imme hat später jeden Hamster erst einmal blitzschnell in die Luft geschmissen und mit offenem Maul wieder aufgefangen, wobei offenbar niemals wieder einer die Gelegenheit fand, sich zu verbeißen.
Ich selbst hatte höllischen Respekt vor den Nagezähnen aller Kleinsäuger, die Nagezähne besaßen und die eigentlich zu groß waren, um noch den Namen Kleinsäuger zu verdienen.
So werde ich niemals vergessen, wie ein Bisam, dem ein Freund von mir und ich auf freiem Felde begegneten, uns gute fünfzig Meter bis zu unserem Wagen jagte und der erst wieder davontrabte, als wir die Türen zugeschlagen hatten.
Wir wollten ihn uns ganz harmlos nur näher ansehen, weil wir uns wunderten, daß er weitab von jedem Gewässer durch die freie Feldmark marschierte. Wir kamen schräg von hinten auf den Bisam zu und waren

vielleicht noch drei Meter entfernt, als der sich blitzartig auf der Hinterhand herumdrehte und uns fauchend und zähnewetzend annahm. Mit leichten Schuhen, kurzen Socken und dünnen Sommerhosen bekleidet, ergriffen wir die Flucht, weil wir nicht die geringste Lust verspürten, mit seinen gelben Zähnen näher Bekanntschaft zu machen.

Ich werde ebenfalls nicht vergessen, wie ich im Mittelwesten der USA an einem sonnigen aber noch kühlen Frühlingstag auf ein Waldmurmeltier stieß, das verschlafen vor seinem Bau hockte und die ersten Sonnenstrahlen nach dem Winterschlaf genoß. Diese Murmeltierart ist nicht so groß, wie unser Alpenmurmeltier, aber doch immerhin in der Größe zwischen einem Kaninchen und einem Feldhasen. Ich fuhr damals gemütlich mit dem Auto durch die Landschaft, als ich es entdeckte. Auch hier wollte ich es mir zunächst nur näher ansehen, weil es das erste Waldmurmeltier meines Lebens gewesen war, das ich traf. Ich stieg aus und ging hinüber, und es blieb sitzen. Wir standen uns praktisch auf Berührungsentfernung gegenüber und sahen uns in die Augen. Ich streckte etwas den Arm aus, und das Tier knurrte. Ich beschloß, es zu fangen und zu Hause in einem geräumigen Käfig genauer zu studieren.

Aus dem Wagen holte ich eine kleine Holzkiste, solide und mit einem gut schließenden Deckel. Die stülpte ich dem Murmeltier einfach über den Kopf. Schon hatte ich es.

Die Kiste kam in den Fond des Wagens. Drei Minuten blieb das Murmeltier friedlich. Dann nagte es innerhalb einer viertel Stunde ein Loch in das Holz, groß und breit genug, um herausklettern zu können. Es kam von hinten an die Vordersitze und fing an, diese mit seinen Nagezähnen auseinander zu nehmen. Da machte ich kehrt, fuhr zum Murmelbau zurück und entließ den Gefangenen in seine Behausung. Als ich die Geschichte später einem im Umgang mit Nagern erfahrenen älteren Zoologen erzählte, meinte er, ich könnte froh sein, noch meine fünf Finger an der Hand und meine fünf Zehen am Fuß zu haben. Es haben mich natürlich schon haufenweise wirkliche Kleinsäuger in die Finger gebissen, Waldmäuse und Feldmäuse, die ich mit der bloßen Hand fing, oder auch einmal ein Siebenschläfer, was nicht ganz so angenehm gewesen ist. Aber alles, das einen Siebenschläfer an Größe übertraf, das Gebiß inbegriffen, wollte ich nicht unbedingt in meinem Fleisch verankert wissen.

Die Finger, und in diese geht ein Biß zumeist, sind ja äußerst schmerzempfindliche Körperteile. Längere Nagezähne sitzen auch schnell beiderseits des Knochens. Daher also mein Respekt, und ich konnte Imme nachfühlen, daß sie ihr Leben lang sauer war auf Hamster.
Nach ein paar Jahren in Norddeutschland begann ich mich auf dem Rücken des Pferdes wohlzufinden und ritt durch Wald und Feld. Oft ließ ich das Pferd laufen, so schnell, wie es mochte. Die Hamster waren nicht so selten und ihre Löcher, die die Eingänge zum Bau bildeten, waren noch weit zahlreicher, als die Hamster selbst. Jeder Bau hatte mindesten zwei Eingänge. Den einen zum täglichen Gebrauch, den zweiten als Noteinstieg, wenn es schnell gehen mußte.
Trat das Pferd im vollen Galopp direkt auf so ein Loch, konnte es einbrechen und mitsamt seinem Reiter einen schönen Purzelbaum schießen. Ich schielte also immer so weit voraus als möglich, und es passierte glücklicherweise auch nie etwas. Nur einmal machte meine brave Lotte einen Satz zur Seite, weil sich ein Hamster senkrecht vor ihr aufgebaut hatte, nicht daran dachte, in seinem Loch zu verschwinden, und knurrend den Durchritt zu stoppen versuchte. Da wich Lotte, gescheit wie sie war, ruckartig aus, und ich hing seitlich an ihrem rundlichen Bauch.
Und ein andermal fiel ich fast vor Lachen aus dem Sattel. Wir hatten einen Hamster überrascht, dessen Backentaschen randvoll gefüllt waren und wie zwei pralle Einkaufstaschen rechts und links von seinem Kopf abstanden. Er flüchtete zu seinem Bau, fand auch sehr schnell das Notloch und wollte kopfüber hinein. Da blieb er stecken und hing fest, die Hinterbeine und das Stummelschwänzchen in die Luft gestreckt. Er kam nicht vor und nicht zurück. Ich weiß nicht, wie er aus seiner mißlichen Lage wieder herauskam, weil wir weiterritten und dabei noch eine ganze Weile in uns hineinlachten über diese goldfellige Steckrübe.
Irgendwann dann, wieder Jahre später, hielt ich eine Reihe von Tieren, die mit Fleisch, Mäusen, Fisch und ähnlicher tierischer Nahrung versorgt werden mußten. Störche etwa, Turmfalkenkinder oder einen flügellahmen Mäusebussard.
Da bekam ich wieder mit Feldhamstern zu tun.
Im Herbst, wenn die Felder abgeerntet waren und brach dalagen, machten sich die Buben der umliegenden Dörfer an die Arbeit. Sie zogen aus mit Spaten und Schaufeln bewaffnet zum Hamstergraben.

Die Gemeinde, so erfuhr ich, zahlte ihnen pro abgeliefertem Nagetier zwölf Pfennige.
Die Hamsterleichen landeten auf dem Müll.
Für meine Tiere war das bestes Futter. Ich zahlte eine Menge Geld für die weißen Mäuse und die Fische, die ich zusammenkaufen mußte, weit mehr als zwölf Pfennige pro Mausenase oder Fischschwanz.
Ich ging aufs Feld, um Verhandlungen einzuleiten.
Ein vielleicht zwölfjähriger Rotschopf und sein Partner am Claim, ein ebensoalter Blonder mit Kurzhaarschnitt, waren eben dabei, die ersten Spatenstiche zur Aushebung einer Feldhamsterwohnung zu machen. Die Sonne brannte vom Himmel, es wehte kein Lüftchen, der Erdboden war durch lange Trockenheit hart wie Stein.
Es mußte eine Hundearbeit sein, unter diesen Bedingungen Hamster auszugraben. Für zwölf Pfennige das Stück.
Zunächst hielt ich mich in einiger Entfernung von den beiden. Ich wollte sie nicht gleich aufdringlich und plump überfallen. Sie schauten kurz auf, empfanden meine Anwesenheit, diesen Blicken nach zu urteilen, sowieso höchst überflüssig, und machten dann weiter. Nach fünf Minuten wagte ich mich weiter vor und fragte:
„Ihr grabt wohl nach Hamstern?"
Zugegebenermaßen eine ziemlich blöde Frage. Sie gruben wohl kaum nach einem Goldschatz.
Die Blicke, die mich jetzt trafen, waren vernichtende Blicke.
Zweite Frage: „Gibt es viele in diesem Jahr?"
„Geht!"
„Habt ihr schon welche?"
„Zwei!"
„Wo?"
„Im Sack!"
Das Gespräch nahm Form an. Vermutlich konnte ich bald die Verhandlungen einleiten. Aber ich wartete noch. Ich wollte die Burschen ein bißchen müder haben. Das würde ihre Bereitschaft erhöhen, mich anzuhören und meinem Vorschlag zuzustimmen.
Sie hatten sich nun vielleicht einen halben Meter in die harte Erde vorgearbeitet, als der Rotschopf sich flach auf den Bauch legte, seine Nase über die Grube steckte, schnüffelte und zu seinem Freund bemerkte „der ist bewohnt, ich riech' das Klo. Es liegt da links. Graben wir nach rechts weiter, da ist der Kessel!"

Donnerwetter nocheinmal, ich hatte es offensichtlich nicht mit irgendwelchen Hamstergräbern zu tun, die mehr oder weniger planlos im Erdreich herumstocherten, sondern mit erfahrenen Profis. Meine Achtung stieg.

Es schien mir eine günstige Gelegenheit, sie merken zu lassen, daß ich kein Greenhorn war, was Hamster und ihre Baue betraf. Ich hatte mir inzwischen nämlich allerhand darüber angelesen, weil mich Kleinsäuger schon immer interessierten, trotz ihrer Verteidigungswaffen.

„Der Kessel", sagte ich also, „könnte auch unter dem Klo sein, dann allerdings viel tiefer!"

Rotschopf und Stoppelkopf hielten inne. Sie erstarrten gleichsam. Zwei Köpfe wandten sich mir zu. Erstaunte Blicke.

„Aber sehr selten!"

Schon gruben sie weiter.

Das hatte gesessen. Sie wußten jetzt, daß ich Bescheid wußte. Sie wußten auch, daß sie mir kein U für ein X würden vormachen können, was auch immer das Weitere ergeben sollte.

Nach einer halben Stunde kam ein einzelner Hamster aus dem Bau geschossen und versuchte sein Heil in der Flucht. Er kam nur einen Meter. Nun hatten sie drei.

Bevor die Buben ihre soeben gemachte Beute in den Sack stecken konnten, griff ich sie mir, um sie näher zu betrachten. Es war ein schöner, alter Hamster. Sein Fell war wirklich prächtig, und eigentlich tat er mir leid.

Und dann sah ich, daß es kein Hamster war, sondern eine Hamsterin. Die Zitzen am Bauch konnten daran keinen Zweifel lassen, und es mußte noch Junge im Bau geben.

Der Rotschopf sagte zu seinem Freund „komm, laß uns woanders graben" wollte schon seinen Spaten nehmen und sich davonmachen, aber ich meinte „wartet mal, da müssen noch mehr drin sein!"

„Ha?"

„Na schaut euch mal den Bauch da an!" Damit hielt ich ihnen den Bauch der Hamsterin unter die Nase.

„Oh Mann, sind wir doof!"

Sie machten noch ein paar Spatenstiche und fanden das gepolsterte Nest im Hauptkessel mit sechs Jungen, die schon Fell hatten und wohl gerade die Augen geöffnet. Bevor weitere Morde geschehen konnten, griff ich ein.

„Wartet", sagte ich, „die nehme ich lebend mit. Und im übrigen möchte ich euch einen Vorschlag machen. Ihr bekommt von der Gemeinde 12 Pfennige für einen Hamster. Von mir bekommt ihr in Zukunft 15, wenn ihr mir die Tiere frischtot anliefert. Stinken sie erst einmal, nehme ich sie nicht. Und haltet den Mund, sonst bekomme ich Ärger mit dem Bürgermeister wegen unlauteren Wettbewerbes!"
Der Handel wurde mit Handschlag bekräftigt, die Buben strahlten ob der unerwarteten Aufbesserung ihres Taschengeldes, und ich würde in Zukunft eine Menge sparen. Jedenfalls, solange die Jagdsaison im Herbst anhielt.

Die sechs Jungen, die im Nest über- und untereinander krochen, weil sie sich in der plötzlichen Helligkeit nicht wohl fühlten, griff ich heraus und brachte sie in der Tasche meiner alten Joppe unter. Sie waren ausgesprochen herzig, appetitlich und ganz reizend. Ich hätte nicht zusehen können, wie sie umgebracht wurden.

Erinnerungen an Goldhamster, die ich als noch zur Schule gehender Jungforscher gehalten hatte, tauchten auf. Diese völlig zahmen, seit Jahrzehnten domestizierten syrischen Verwandten des Feldhamsters hatten mir damals erste Einblicke in das Leben der Hamster gegeben. Aber irgendwie blieb die Freude an ihnen nicht lange, weil ihnen einfach ganz wesentliche Verhaltenselemente wilder Tiere fehlten. Sie ließen sich aufnehmen, streicheln und kraulen wie ein Stofftier, setzten sich nie zur Wehr und wenn sie nicht zu einer Kugel zusammengerollt stundenlang in ihrem Nest schliefen, schaufelten sie sich die Backentaschen mit Sonnenblumensamen voll und verschwanden damit wieder in ihrem Versteck.

Nach wenigen Wochen wußte ich über das Verhalten der Goldhamster Bescheid und damit waren sie nicht mehr interessant. Ich hielt auch später keine mehr.

Jetzt hatte ich die Möglichkeit, einmal wilde Feldhamster aufzuziehen und zu beobachten.

Vielleicht würde man sie zähmen können, denn noch war von Scheu oder Abwehr nichts zu bemerken. Sie brauchten auch noch Milch aus einer kleinen Saugflasche. Das ist immer ein gutes Mittel, um die Sympathie zwischen Tier und Mensch zu fördern. Ist ein junger Säuger erst einmal über das Stadium des Milchsaugens bei der Mutter oder eben eines menschlichen Pflegers hinaus, dann hat man es mit der Zähmung wesentlich schwerer.

Als ich nach Hause kam, roch Imme sofort den Braten, den ich in meiner Tasche verbarg. Ihre Rute ging hoch, sie bekam Glühaugen und setzte sich erwartungsvoll vor mich hin.

„Nein, Imme, aus und pfui", sagte ich, „das sind zwar Hamster aber nicht für dich!" Und: „Zum Hause", setzte ich hinzu. Das verstand sie sofort. ‚Zum Hause' bedeutete, daß Tiere von jetzt und sofort an zum Hause gehörten, zu Haus und Garten und für den Hund tabu waren. So gut Imme als Jagdhund draußen war, so friedlich verhielt sie sich allen Tieren gegenüber, die ich mitbrachte und die bei mir lebten. So stand sie auf, ließ die Rute beleidigt sinken, warf mir einen keineswegs mehr glühäugigen Blick zu und verschwand auf ihren Platz.

Die Hamsterjungen kamen in eine große Kiste mit Torfmull und Erde. Ein Ersatznest war schnell gebaut, und zum Schutz gegen die Helligkeit des Tages stülpte ich einen geräumigen Blumentopf darüber, aus dessen Rand ich ein Loch geschlagen hatte.

Die Fütterung mit einer Liebesperlenflasche und verdünnter Dosenmilch erwies sich als richtig und problemlos. Die kleinen Hamsterchen saugten mit Wohlbehagen und vertrugen die Umstellung von Muttermilch auf die Kunstnahrung auch hervorragend. Nicht immer geht das glatt, und dann ist Durchfall und Blähbauch angesagt und eine oft schwierige Heilung.

Die nächsten Tage verliefen mit Füttern und Putzen des Hinterteils, eine Arbeit, die sonst von Mutter Hamster ausgeführt wird und die notwendig ist, um die Verdauung anzuregen und das Absetzen von Kot und Urin zu fördern. Danach knutschte ich die Hamsterchen mit den Händen ordentlich ab, damit sie meinen Duft mit den angenehmen Dingen des Lebens verbinden konnten und auch künftig Vertrauen haben würden in alles, was nach dem Pflegevater roch. Alles ging gut. Die Hamster wurden mehr und mehr selbständiger, nahmen bald weiche Nahrung neben der Milch, Bananen, Birnen und Haferflocken und machten die ersten Ausflüge um ihren Bau. Sie ließen sich ohne weiteres in die Hand nehmen, auch, als sie selbst schon handtellergroß waren, machten nie den Versuch, zu beißen und zeigten sich als äußerst reizvolle und muntere Gesellen. Viel munterer, als es meine Goldhamster je gewesen waren.

Sie waren auch keineswegs nur in der Dunkelheit aktiv, im Gegenteil. Wahrscheinlich gewöhnt, daß der Tag und damit das Licht für sie die Zeit war, wo es süße Milch und Streicheleinheiten gab, nutzten sie den

Tag auch für ihre Erkundungsgänge, Balgereien und für die Körperpflege, die sie ausgiebig und nachhaltig betrieben. Was sie nachts machten, entzog sich meiner Kenntnis. Da wollte ich selbst schlafen und keine Hamsterbrut versorgen. Die Zeit ging hin und der Herbst mit ihr. Die nun ausgewachsenen sechs Hamster wurden träge und verschlafen. Sie häuften in den Ecken ihrer Kiste alles mögliche Freßbare an, instinktiv und als Vorrat für die Winterzeit.
Ich vernachlässigte sie.
Ich gab ihnen natürlich noch Futter und Wasser und machte sauber, wenn es nottat, aber ich nahm mir nicht mehr die Zeit, sie in die Hand zu nehmen, zu streicheln und zu knutschen.
Das muß mich ihnen entfremdet haben.
Es kamen dann eines Tages Freunde zu Besuch, die den ganzen Zoo in Haus und Garten besichtigten, und irgendwann waren auch die Hamster an der Reihe.
„Völlig zahme Hamster kann ich euch zeigen. Handaufgezogen. Ganz goldig, im wahrsten Sinne des Wortes. Aber am Bauch sind sie kohlrabenschwarz, was bei Tieren sehr selten ist. Die meisten sind nämlich oben dunkler als unten. Das hat mit Tarnung zu tun. Bei den Hamstern ist es genau umgekehrt!" Ich kam ins Dozieren, und man hörte mir so beiläufig zu, blickte auf die Kiste, gespannt, was unter den Blumentöpfen – es waren inzwischen drei, weil die sechs dicken Hamster nicht mehr alle unter einen passten – zum Vorschein kommen mochte.
Schließlich nahm ich einen der Töpfe hoch, der Besuch beugte sich vor, aber sah nichts, weil sich die Hamster unter einer dicken Schicht aus trockenem Stroh und Holzwolle verkrochen hatten. Irgendetwas in diesem Genist knurrte unwillig.
„Sind Hamster nicht furchtbar bissig", fragte jemand.
„Die draußen schon", sagte ich, „aber nicht meine!"
Ich langte mit der Hand in den Nesthaufen und hatte sie im Bruchteil einer Sekunde wieder draußen. Aus vier Löchern, die in meinen Daumen gestanzt waren, tropfte es rot. Schöne Blamage, das mochte ich aber gar nicht.
Natürlich hatte ich nicht nur meine Hand blitzartig zurückgezogen sondern auch Sch… gerufen, was die Freunde zwar nicht weiter übel nahmen, aber die negative Erfahrung, die mir soeben wiederfahren war, für sie verstärkte und unterstrich.

Es war etwas angebracht zu meiner Ehrenrettung.
„Na ja", sagte ich, während ich meine Wunden unter einem Taschentuch zu verbergen suchte, „sie lassen sich nicht gerne stören, wenn sie schlafen und wahrscheinlich sind sie schon halbwegs im Winterschlaf. Bisher ließen sie sich ohne weiteres in die Hand nehmen. Kommt, wir gehen zu meinem Beo, der pfeift, wie ich der Imme pfeife, sagt ‚Peter', seinen Namen und fluchen kann er auch!" Gottlob pfiff Peter wenigstens, sagte ‚Peter' und fluchte, und die Freunde vergaßen die Hamster und die damit für mich verbundene Schmach.
Vermutlich hatten sie wirklich fest geschlafen, meine so zahmen, reizenden und zutraulichen Feldhamster. Ich trug ihnen den Biß in meinen Finger nicht nach.
Im Tiefschlaf macht ein Hamster eben keinen Unterschied zwischen Freund und Feind. Es bliebe ihm kaum Zeit dazu. Beißen ist sicherer für ihn als erst einmal zu prüfen, wer ihm da ans Fell geht. Als noch einmal eine Periode warmer, sonniger Tage anbrach, und die Hamster wieder munterer wurden, ließen sie sich auch wieder anfassen. Das war der richtige Zeitpunkt, ihnen die Freiheit zurückzugeben. Aber nicht auf dem Feld, wo sie ausgegraben worden waren.
Im nächsten Herbst würden dort die Dorfbuben wieder an die Arbeit gehen.
Ich brachte meine Hamster weit weg an eine Stelle, wo sie kaum gefährdet sein würden durch Hamstergräber.
An einem Abend ließ ich sie laufen. Dichte Hecken, hohes Gras und krautiger Bewuchs gaben ihnen fürs erste genügend Deckung. Baue graben mußten sie sich selbst.
Jetzt sind die Feldhamster geschützt. So selten sind sie geworden. Das ist gut so, ich mag sie nämlich inzwischen sehr, die Hamster. Aber mein Respekt vor allen Kleinsäugern, die eigentlich... und so weiter, ist geblieben.

Der alte Schleicher

Als braver Diener des Staates, von dem im Umkreis bekannt ist, daß er seit langem einen Jagdschein hat und damit bisher auch noch keinen größeren Schaden anrichtete, bekomme ich jedes Jahr von meinem Dienstherrn im Staatsforst einen Bock frei.
Früher war das jeweils ein 2 B Bock, jahrelang. Plötzlich wurde dann ein 1 A daraus. Bewährungsaufstieg vermutlich. Vielleicht auch ein Zeichen der nahenden Pensionierung. Immerhin, ein freigegebener 1 A läßt einem größere Chancen, kann man doch natürlich auch einen 2 B erlegen. Andersherum geht das nicht. Und es laufen ja heutzutage im Forst nicht mehr allzuviele Rehe herum, dank der scharfen Abschußrichtlinien. Und ob 1 A oder 2 B ist mir völlig gleichgültig, ist es mir doch noch nie um die dicke Trophäe gegangen, sondern immer um's Jagen und Erleben. Da kam nun wieder die jährliche Einladung auf einen 1 A Bock, lange vor Beginn der Blattzeit. Ein guter Freund von mir hat als Förster ein Revier im Staatsforst zu betreuen, und dort wurde ich eingeteilt. Wir mußten ein wenig mauscheln und schieben, daß das klappte, aber ich wollte gerne in dieses Revier. Es hatte früher schon dem Staat gehört, war dann an private Jäger längere Zeit verpachtet worden, und nun hatte der Forst wieder die Hand darauf.
Mein Freund wußte daher auch noch nicht, was an Rehwild vorhanden sein würde, und wie die Böcke aussahen. Er zeigte mir die Grenzen, innerhalb derer ich mich bewegen konnte und meinte einfach ‚such dir was aus!' Es war ein schönes Revier, Naturschutzgebiet ohne Einschränkung der Jagd, aber kaum mit Wanderwegen durchsetzt und ziemlich weitab von der Stadt. Dadurch liefen einem nicht ständig die Jogger vor die Büchse, und man konnte tatsächlich manchen Abend draußen verbringen, ohne einen Menschen zu sehen. In unserer Zeit will das schon etwas heißen.
Es war ein reines Waldrevier. Das Wild, das aus dem Wald in die Feldmark trat, trat damit ins Feindliche. Eine Straße teilte das Revier,

östlich von ihr war ziemlich viel Verhau und Unterwuchs, es gab dort Dickungen und Hochwald. Westlich lag nur Hochwald, und dort kam der Unterwuchs nicht recht hoch, so daß ein in seinem Tagesbett sitzendes Reh immer noch Kopf, Lauscher oder Stangen darüber hinaus ragen ließ. Der Nachteil lag klar auf der Hand: ein noch so vorsichtig pirschender Jäger konnte unmöglich unbemerkt den Hochwald durchqueren, ohne vom Wild über kurz oder lang entdeckt zu werden. Selbst, wenn man die fliegenwedelnden Lauscher als erster sah, gab es kaum eine Möglichkeit, Deckung zu suchen. Man stand wie auf dem Präsentierteller.

Drei neue Leitern waren vor kurzem aufgestellt worden und hatten die üblichen Macken. Von der einen, die mitten im Verhau stand, blickte man, wenn man saß, auf eine Wand aus Fichten zehn Meter entfernt. Hinter einem war das Schußfeld etwas größer und auch die Möglichkeit, ziehendes Wild zu sehen, aber dazu mußte man sich um hundertachtzig Grad drehen und bekam ein steifes Genick. Außerdem quietschten die Sitzbretter, und die Halbhölzer, die als Auflage gedacht waren, nagelte jemand mit der scharfen Kante nach oben gerichtet an. Sie schnitten einem fast die Hand ab, schob man sie unter den Lauf. Auch bei den anderen gaben die Sitzbretter bei jeder Bewegung laut, und auf allen Dreien saß man ohne jegliche Deckung.

Zwei standen im beschriebenem Hochwald. Man hatte von beiden einen weiten Rundumblick, aber das Hinkommen war aus ebenfalls beschriebenen Gründen eine Glückssache. Zu derjenigen, die am weitesten von der Straße entfernt war, mußte man etwa vierhundert Meter durch den Hochwald gehen. Daß man dabei von den Rehen nicht entdeckt wurde, schien unmöglich. Und dann hinterließ man ja auch eine vierhundert Meter lange Duftspur. Das alles aber vergrößerte ja nur die Spannung und stellte Anforderungen an den Jäger. So etwas mag ich.

Am ersten Abend, es war noch Juni, nahm ich mir die Leiter im Verhau vor und bekam prompt den Pendelstangenbock in Anblick, von dem mir mein Freund schon gesagt hatte, daß er hier in der Gegend gesichtet worden wäre.

Der Bock zog hinter mir durch Jungwuchs, ich beobachtete ihn mit verdrehtem Kreuz und steifwerdendem Nacken eine zeitlang, beschloß aber sogleich, ihn ziehen zu lassen. Ich wollte nicht auf den

ersten Bock, der mir hier vor die Büchse kam, schießen, wenn ich auch noch nie einen Pendelstangenbock erlegt hatte.
Sonst kam nichts.
Wenige Tage später nahm ich einen befreundeten Tierarzt mit ins Revier. Mir zog es im Rücken und, hexenschußgeplagt, wie ich leider bin, dachte ich, es sei besser, einen kräftigen Helfer dabei zu haben. Dann brauchte ich, falls es klappen sollte, ein erlegtes Stück nicht alleine ein paar hundert Meter zu buckeln. Aber auch sonst war mir an diesem Abend Gesellschaft einfach lieb.
Wir parkten meinen Wagen in einer kleinen Ausbuchtung an der Straße. Ich wollte noch einmal auf die Leiter im Verhau, zu der wir nur fünf Minuten zu pirschen hatten. Nach zwanzig, dreißig Metern fiel mir ein, daß ich mein Glas im Wagen vergessen hatte und drehte um, es zu holen.
Zurückkehrend bemerkte ich, daß mein Begleiter unterdrückt aber unübersehbar mir etwas zu signalisieren schien und mit einer Hand rechts vor sich in den Wald deutete. Nachdem ich nah genug heran war, flüsterte er: „Da liegt ein Bock!"
Erst sah ich gar nichts. Dann sah ich den Bock. Vierzig Meter nur von uns entfernt hatte der sich auf einem Erdbuckel niedergetan und schaute uns an.
Ich nahm das Glas, kam aber nicht klar, weil es mich zum einen ziemlich beutelte und zum anderen ein liegender Bock, der einem das Haupt unbeweglich zuwendet, absolut nicht gut anzusprechen ist. Sein Geweih schien nicht schlecht, aber das Alter konnten wir beide nicht in der Schnelligkeit bestimmen, die angebracht war. Wir gingen auf dem kleinen Pfad, auf dem wir standen, ein paar Schritte weiter, und der Bock fixierte uns unverwandt. Schließlich betrug der Abstand von ihm zu uns vielleicht noch dreißig Meter. Er mußte sich enorm sicher fühlen dort auf seinem Erdhaufen. Schließlich legte ich mich flach auf den Boden, um meine Ellenbogen aufstützen zu können und damit meine Hände etwas in Gewalt zu bekommen.
Und das hielt der Bock nun doch nicht mehr aus. Er erhob sich halb, machte eine schlangenhafte Windung nach hinten um den Buckel herum und verschwand lautlos im Gebüsch.
Wir beschlossen, daß es sich entweder um einen noch recht dummen Jüngling gehandelt haben mußte, was nach der Höhe der Stangen aber eher unwahrscheinlich schien, oder um einen ausgebufften

Alten. Dem war vermutlich der oft frequentierte Parkplatz genau so bekannt wie der Pfad durch den Wald, auf dem doch dann und wann Menschen spazierengingen. Solange die dann auf dem Pfad blieben und weitermarschierten, waren sie keine Gefahr. Benahmen sie sich dagegen wie wir, machte er sich aus dem Staub.

Nur ein paar Schritte von dem Platz, auf dem wir den Bock entdeckt hatten, stand eine alte und ziemlich morsche Kanzel. Die bestieg ich zwei Abende später, nachdem ich zuvor den Erdbuckel sehr sorgfältig aus der Entfernung inspiziert hatte.

Er war nicht besetzt.

Die Kanzel zu besteigen, war ein Wagnis. Ich tat es auch nie wieder. Sie hätte leicht unter mir zusammenkrachen können. Der Bock ließ sich auch nicht sehen, nur zwei Kitze erschienen am Rande eines alten, verfallenen Steinbruchs. Das erhöhte die Spannung für eine Weile, denn wo Kitze waren, mußte auch eine Ricke sein, und wo eine Ricke war, konnte auch der Bock auftauchen. Oder ein anderer. Es blieb aber bei den beiden Kitzen.

Anschließend konnte ich einige Wochen nicht zur Jagd, jeder Abend war anders verplant. Es war ein selten schöner und trockener Sommer geworden.

Mitte Juli endlich hatte ich mir ein paar Tage oder besser Abende freigeschaufelt. Die Blattzeit nahte, die Böcke mußten langsam munter werden und wenigstens anfangen, zu suchen.

Aber draußen, um mein Waldrevier herum, stand das ganze Korn noch auf den Feldern, und die meisten Rehe steckten im Halmwald. Im Wald selbst zogen die Rehe, die sich dort aufhielten, ungern. Es knackte und krachte unter ihren Schalen bei jedem Schritt, es war strohtrocken und heiß. Da blieben sie bis spät in die Dunkelheit lieber in den Dickungen.

Mehrmals war ich auf der Leiter, die vierhundert Meter weit im Hochwald stand. Ich ging immer früh hin, um dem Wild, das mich gehört oder gesehen hatte, vorzutäuschen, ich wäre ein harmloser Wandersmann und bis zu der Zeit, wo die Rehe sich in Bewegung setzten, längst wieder verschwunden.

Sie setzten sich aber nicht in Bewegung, jedenfalls nicht in meiner Sichtweite.

Schließlich probierte ich die zweite neue Leiter im Hochwald aus, die näher an der Straße lag.

Rechts von ihr zog sich ein dichter Laubholzstreifen durch den Wald. Von der Leiter aus konnte man durch eine enge Schneise ein Stück des jenseitigen Hochwaldes einsehen. Vor, hinter und links der Leiter hatte man weitgehend gute Sicht bis hundert Meter und weiter. Aber man saß, wie schon gesagt, sehr frei dort oben und ohne jegliche Deckung oder Verblendung.

So blieb ich auch dem Junghabicht nicht verborgen, der plötzlich von rechts durch die Schneise heranstrich und auf einem Ast ein paar Meter von der Leiter entfernt aufbaumte.

Er blieb immerhin einige Minuten dort sitzen, verdrehte nur furchtbar Hals und Kopf und wußte ganz offensichtlich nicht, was er mit dem dunklen Klumpen auf der Leiter anfangen sollte. Zur Sicherheit strich er dann doch ab.

Wenig später hörte ich es rechts hinter mir trabsen.

Da kam etwas! Bevor ich weiter denken konnte, erschien am Rande der Laubholzdickung ein Bock mit gewaltig was auf dem Haupt. Er hielt direkt auf die Leiter zu, ich kam noch nicht einmal so weit, meine Büchse in eine brauchbare Position zu bringen. Da war er schon unter mir.

Hoch auf, aber zu jung, schoß es mir durch mein Hirn, aber bei diesen hohen und auch sonst nicht gerade mickerigen Stangen konnte einem ein Jahr hin oder her leicht gleichgültig werden.

Ich muß eingestehen, daß ich den Bock mit, wie heißt das, an Sicherheit grenzender Wahrscheinlichkeit, geschossen hätte, wäre er nur für eine Minute in guter Position stehen geblieben. Er zog aber ebenso schnell von mir und der Leiter weg durch den Hochwald, wie er gekommen war.

Zum Glück für ihn – und für mich.

Ich sah diesen Bock einige Abende später nämlich noch einmal. Da kam er aus der anderen Richtung, wieder schnurgerade auf die Leiter zu und ebenso eilig. Aber diesmal konnte ich ihn mir länger und genauer betrachten. Und kam eindeutig zu dem Schluß, daß er allerhöchsten drei Jahre alt sein dürfte. Einen solchen Bock, der weder ein 1 A noch ein 2 B war, zu erlegen, hätte mir wenig Ruhm eingebracht und mich im nachhinein ganz teuflisch geärgert.

Aber wenigstens schienen die Böcke nun doch allmählich auf die Läufe zu kommen und anzufangen, nach brunftigen Ricken zu suchen. Die jüngeren jedenfalls, und wenn die unterwegs waren,

mußten sich auch die älteren Böcke langsam aufmachen, wollten sie nicht das Nachsehen haben.

Und einer dieser Alten schlich dann eines Abends über die Schneise rechts von mir. So leise und so schnell, daß er schon wieder in der Dikkung verschwunden war, bevor ich noch das Glas an die Augen nehmen konnte. Aber die Figur paßte, sein Verhalten paßte. Zwischen den Lauschern war nicht allzuviel zu sehen. Aber ein alter Bock mußte das gewesen sein. Wo er seinen Einstand haben mochte, wohin er zog – keine Ahnung. Ich saß noch einige Male auf dieser Leiter und sah ihn nie wieder. Dafür raubte mir eine Amsel die Nerven, die ununterbrochen vor sich hin zeterte und tickste, obwohl ich beim besten Willen nichts entdecken konnte, was sie derart aufregte. Und eine Ricke erschien am Dickungsrand und tat sich dann dort auch noch nieder, direkt unter mir. Ich sah sie genau, und hätte sie mich da oben auch mitbekommen, wäre vermutlich ein entsprechendes Getöse fällig gewesen. Also mußte ich bewegungslos sitzenbleiben, eine geschlagene Stunde lang. Dann machte sie sich endlich wieder davon, leider ohne einen Bock angelockt zu haben in der Zwischenzeit.

Irgendwie schienen sich die Rehe hauptsächlich in dieser Laubholzdickung und jenseits davon herumzudrücken. Im Hochwald sah ich so gut wie nichts. Nur konnte ich nichts machen, um der Sache auf den Grund zu gehen, denn sowie ich die Leiter verließ und einen Pirschversuch machte, brachte ich alles in Aufruhr. Es war nicht möglich, einen Fuß auf den Boden zu setzen, ohne ein beachtliches Geräusch zu erzeugen.

Ich wurde langsam unruhig.

Die Blattzeit mußte nun wirklich begonnen haben. Außerdem stand mein Urlaub vor der Türe.

Mein Försterfreund hatte gesagt, Böcke und überhaupt Rehwild gibt's hier genug, wir müssen mächtig dazwischenhalten, um den Abschuß zu erfüllen.

Wenn ich es mir genau überlegte, dann hatte ich an den zahlreichen Abenden im Wald nicht viel gesichtet: Den Pendelstangenbock, den vom Erdbuckel, der vielleicht doch der selbe, gewesen sein könnte, wie der stattliche Junge, den ich zweimal unter der Leiter hatte, und dann den schleichenden, heimlichen Alten, der mir seinen Anblick nur das eine Mal für Sekunden gegönnt hatte.

Und eine Ricke und zwei Kitze. Das war es schon.

Noch blieben mir ein paar Tage Zeit, und ich hoffte inbrünstig, die Bauern würden mit der Getreideernte beginnen. Wenn es da draußen auf den Feldern unruhig wurde, würden sich die Rehe in den Wald ziehen, wo sie ihren Frieden hatten. Und dann mußte ganz einfach Bewegung in die Geschichte kommen.

Und endlich tauchte hier und da ein Mähdrescher auf und fing an, das eine oder andere Feld in eine Staubwolke zu hüllen. Nur leider weit entfernt von meinem Wald. So richtig mochten die Bauern noch nicht ran. Die Ernte versprach sowieso nicht gut zu werden, denn durch die wochenlange Trockenheit trugen die Ähren nicht viel.

Schließlich kam mir der Gedanke, mich einmal nicht an die vorhandenen Leitern zu halten, sondern mich auf meinem Jagdstock ganz anderswo im Revier einfach zwischen die Bäume zu setzen.

Das tat ich dann auch, und um einigermaßen geräuschlos meinen Platz zu erreichen und außerdem harmlos zu erscheinen, benutzte ich zum Angehen einen innen am Waldrand entlangführenden Trampelpfad.

Ich richtete mich an einer Stelle ein, von der ich einen guten Teil des Hochwaldes überblicken konnte und harrte der Dinge.

Nach eineinhalb Stunden hörte ich etwas tapsen und schnaufen. Trieb da ein Bock? Ich wurde blitzartig hellwach und kam aus meiner halb dösenden Stellung hoch.

Die Geräusche verstärkten sich. Nach dem ersten Aufregungsschock wurde mir klar, daß sie nie und nimmer von einem treibenden Bock stammen konnten.

Das waren mindesten Sauen!

Es war ein Jogger mit seinem Hund.

Den Pfad entlang kam er näher und mußte direkt an mir vorbei. Er schwitzte furchtbar, und sein Bierbauch erschwerte leichtfüßiges Laufen. Offenbar erschreckte ihn der Anblick des hinter einem Baumstamm lauernden Jägers mit der Büchse über den Knien, denn als er an mir vorbeikeuchte, brachte er unter größter Anstrengung heraus: „Der ist schon ganz alt, ganz alt" und meinte seinen Hund. Wahrscheinlich hatte er ein schlechtes Gewissen, weil der Hund im Naturschutzgebiet nicht an der Leine war, aber daß dieser Hund niemanden gefährlich werden konnte, war klar. Auch ihm hing der Bauch tief und die Zunge aus dem Hals. Eine gewisse Ähnlichkeit zwischen Herr und Hund ließ sich nicht verleugnen.

Aber ich konnte wieder einmal zusammenpacken. Es war schon beginnende Dämmerung, und nachdem diese beiden Supersportler ihre Runde um den ganzen Wald beendet haben würden, war es finster. Da konnte ich gleich verschwinden.
Nun wird diese Geschichte allmählich langweilig, und ich frage mich beim Schreiben schon selbst, warum ich das alles mehr oder weniger ausführlich berichte, wo es doch kaum etwas zu berichten gibt. Aber zumindest die Jäger unter den Lesern werden das schon verstehen. Es wird eben nie langweilig. Ja doch, beim Lesen mag es ja sein, aber draußen im Wald nicht.
Und jetzt will ich es auch zu einem Ende bringen.
Natürlich wollte ich die Jagd auf meinen Bock auch zu einem Ende bringen und möglichst zu einem erfolgreichen. Aber ich hatte ja noch nicht einmal einen Bock, den Bock, auf den ich mich konzentrieren konnte. Das war ja alles nichts gewesen bisher.
Bis auf den alten Schleicher vielleicht.
Einmal gesehen und nie wieder.
Da hatte ich eine Eingebung. Geh doch noch einmal, sagte sie mir, zu der Leiter, die da vierhundert Meter im Wald drin steht. Da warst du lange nicht, da endet irgendwo in der Nähe die Laubholzdickung. Das ist ein gottsverlassener Revierteil mitten im Hochwald, weitab der Straße und des Trampelpfades. Pfeif auf den Krach, den du beim Angehen machst, geh nur früh genug hin und bleib sitzen, bis es stockfinster ist. Und laß dich nicht dadurch beeindrucken, daß du dort noch nie etwas gesehen hast!
So die Eingebung.
Sie erwischte mich am Schreibtisch im Büro gegen zwei Uhr nachmittags, als ich versuchte zu errechnen, wieviel Geld ich für eine geplante Sonderausstellung im Museum brauchen würde. Das war nun wirklich langweilig.
Draußen schien wie seit Wochen die Sonne. Windstill war es. Ende Juli war es. Sie mußten doch jetzt treiben, die Böcke.
Und als mir dann noch der Spruch meines Onkels einfiel, der in der Zeit der K.u.K Monarchie in Österreichs Wäldern gejagt hatte ‚die erste Eingebung ist immer die beste', ließ ich alles liegen und stehen. Schließlich war mein Dienstherr auch mein Jagdherr. Da brauchte ich nicht mein Gewissen zu belasten, wenn ich mich einmal früher vom Dienst davonmachte, als für gewöhnlich der Fall.

Als ich meinen Wagen am Straßenrand im Revier geparkt hatte, war es halbvier nach der Sommerzeit. Für das Wild also erst halbdrei. Ein Brot in der einen Tasche, eine Banane in der anderen, eine leichte Joppe umgehängt und mit allem sonst behangen, was nötig sein konnte, machte ich mich auf den Weg durch den Hochwald zu meiner Leiter.
Langsam, Zeit hatte ich genug.
Nach jeweils zehn, zwölf Schritten blieb ich stehen und durchstreifte mit den Augen den Wald. Meine Ohren waren auf Empfang. Wenn irgendwo etwas absprang, mußte ich es bei dem strohtrockenen Boden hören. Ich entdeckte nichts und nichts sprang ab. Die Hälfte der vierhundert Meter hatte ich geschafft, erstaunt darüber, daß ich relativ lautlos vorwärtskam. Das lag alleine daran, daß auf dem Pfad kaum Laub lag und wenig sonstiges Genist. Aber jedes Reh im Umkreis von hundert Metern hätte mich trotzdem eräugt oder erlauscht. Offenbar war wieder einmal nichts in der Runde unterwegs.
Um so besser. Selbst mit einigen Stunden Schußlicht vor mir, hätte eine schreckende Ricke oder ein Fluchtmarken setzender Bock erst einmal Unruhe ins Revier gebracht.
Der Waldboden vor mir fiel etwas ab, hinunter, den Feldern draußen zu. Schon konnte ich die Leiter sehen, die an einem dicken Eichenstamm lehnte, die Sprossen mir zugewandt. Wenn ich erst oben saß, würde ich in die Richtung schauen, aus der ich eben kam. Es war noch ein Stück hin. Hinter der Leiter gab es ein paar höhere Büsche unter den hohen Bäumen, aber sonst weitgehend freie, gut einzusehende Flächen, und ganz weit unten konnte ich die Waldgrenze erahnen.
Dann bin ich an der Leiter dran und will gerade meinen rechten Fuß auf die unterste Sprosse setzen und sehe in der gleichen Sekunde, einen Bock, der langsam auf mich zuzieht.
Er ist vielleicht fünfzig Meter entfernt und ebenso frei wie ich. Er hat das Haupt tief und kommt sehr langsam und müde näher.
Ich muß schleunigst hinauf.
Der dicke Stamm deckt mich ganz gut ab. Oben angekommen lehne ich mich an den Stamm und besehe mir den Bock durch mein Glas. Das muß der alte Schleicher sein! Die Figur paßt, das Geweih paßt. Er ist jetzt auf gute vierzig Meter heran. Der Wind steht gottlob richtig von ihm auf mich zu. Im Zeitlupentempo nehme ich die Büchse von

der Schulter, um am Stamm anzustreichen, da tut der Bock sich nieder.

Das Haupt zeigt in meine Richtung und er schaut auch in meine Richtung. Ich kann mich nicht bewegen, weil ich nur zur Hälfte hinter dem Stamm stehe. Wenigstens kann ich die Büchse am Sitzbrett abstützen und muß sie nicht frei in der Hand balancieren.

Ich versuche mich Zentimeter um Zentimeter ganz hinter den Stamm zu schieben, was nach ein paar Minuten auch gelungen ist. Jetzt kann ich mich auch wieder auf zwei Beine stellen und gewissermaßen rührt-euch-Stellung einnehmen.

Der Bock liegt dort und käut wieder. Zwischen ihm und mir hängt auf halbem Wege ein Buchenast herunter, dessen Laub ihn zwar halb verdeckt, aber doch so viel Einblick gewährt, daß ich ihn und seine Stangen in aller Ruhe durch das Fernglas ansehen kann.

Es ist ein Sechser. Die Stangen sind gerade lauscherhoch, nicht stark und haben ein paar Perlen über den Rosen. Kein umwerfendes Geweih aber ein recht gutes Geweih für die Gegend. Und der Bock ist alt.

Fünf, sechs Jahre dürfte er haben.

Er hat vermutlich draußen im Getreide getrieben. Das und die Hitze müssen ihn fix und fertig gemacht haben. Dann zog er noch in den Wald, ins Kühle, aber wahrscheinlich so benebelt, daß er mich nicht kommen gesehen oder gehört hat.

Jetzt beugt er den Träger, läßt sein Haupt auf die Schulter sinken, macht die Augen zu und schläft.

Das ist die Gelegenheit für mich, auf den Sitz zu rutschen, meine Sachen zu ordnen und zu entspannen. Ich kann ja nichts anderes tun. Ich kann ja nicht diesen schlafenden Bock über den Haufen schießen. Wenn er nicht durch irgendeine Störung hochkommt wie eine Rakete und in voller Flucht abspringt, ist er mir sowieso sicher.

An so etwas darf man eigentlich gar nicht denken. Ich hatte damals aber solche Gedanken, während ich in nächster Nähe von meinem Bock auf der Leiter saß und wartete, daß er wieder auf die Läufe kam. Und dann fiel mir endlich auch ein, was für ein mortsmäßiges Glück ich gehabt hatte, daß ich die Leiter keine halbe Minute später erreichte.

Ich hätte den schon ruhenden Bock bestimmt nicht gesehen, dafür aber der mich gewiß.

Und wäre er vom Treiben und der Hitze nicht so müde und dusselig gewesen, hätte er mich nicht bis zur Leiter kommen lassen und schon gar nicht auf die Leiter hinauf.
Es ist nun nicht mehr viel zu berichten. Es dauerte fast eineinhalb Stunden, dann wurde der Bock hoch. Ich hatte das schon etwas vorhersehen können und war bereit. Ich stand auf der Leiter und hatte auf einem der Stützbalken aufgelegt.
Nach dem Schuß machte der Bock noch ein paar Schritte und fiel dann in die Stauden.
Ich rauchte eine Pfeife, stieg dann ab und holte meinen Wagen, fuhr halbwegs um den Wald herum und war damit ein gutes Stück näher an der Stelle, wo der Bock lag.
Er hatte einen Hochblattschuß, glatt durch, keinen größeren Ausschuß und innen so gut wie nichts zerstört. So ging auch das Aufbrechen rasch und problemlos, dann band ich die Läufe zusammen, hängte mir den Bock über die Schulter und brachte ihn zum Wagen.
Irgendwie war ich rundum zufrieden. Es geht ja weiß Gott nicht immer alles so, wie man es sich wünscht oder vorstellt. Aber heute, an diesem Nachmittag, paßte alles zusammen. Meine Eingebung war goldrichtig gewesen. Auf die Minute hatte das Anpirschen zur Leiter, das Entdecken des Wildes, das Aufbaumen geklappt. Dann war es auch noch ein ordentlicher Schuß gewesen, der Bock stimmte, das Aufbrechen brachte keine Schweinereien im Inneren zutage.
Wenig später fuhr ich auf den Hof der Försterei. Und da stand doch mein Freund vor *seinem* Bock, der an der Wand des Schuppens hing und betrachtete mit Hingebung seine Trophäe. Er hatte zehn Minuten vor mir geschossen, drüben, auf der anderen Seite der Straße, noch ein gutes Stück hinter der Leiter im Verhau.
Wir freuten uns wie zwei Schulbuben über gute Noten, nur daß wir dann etwas mehr dem Bier zugesprochen haben und unsere jagdlichen Erlebnisse in allen Einzelheiten schildern mußten. Übrigens war mein Bock ein 2 B.

Taubenbrüstchen

Taubenbrüstchen schmecken hervorragend. Ich meine nicht die, von irgendwelchen Haustauben, sondern die von Ringeltauben. Man kommt nur so schlecht daran, denn merkwürdigerweise kenne ich kaum Jäger, die auf Taubenjagd gehen. Jedenfalls nicht in meinem jagdlich überschaubaren Umkreis. Dabei gibt es die Ringeltauben haufenweise. Und kürzlich fand ich in einer Streckenstatistik, daß in Niedersachsen im Jagdjahr 1988/89 183000 Wildtauben zur Strecke kamen. Offenbar leben irgendwo doch ein paar Taubenspezialisten unter den Jägern. Wahrscheinlicher aber ist, daß die genannten Strecken dort vor allem zustande kommen, wo große Gemüseanbaugebiete liegen. Da machen die Ringeltauben nämlich gewaltigen Schaden. Zum Beispiel in den Erbsen.
Und um diesen Schaden in Grenzen zu halten, versammeln sich dann zu bestimmten Zeiten alle verfügbaren Flintenträger, um die Tauben zu dezimieren. Anders kann man das wohl nicht nennen. Es hat sicher nichts mit der beschaulichen Jagd auf einzelne Tauben zu tun. Und genau für diese Art der Taubenjagd habe ich in letzter Zeit noch niemanden begeistern können.
Spreche ich meine Jagdfreunde an, die so etwas wie ein Revier oder einen Revierteil bejagen können, dann beißen sie nicht an, und selbst die in Aussicht gestellten naturgetreu präparierten Ringeltauben, die ich ohne viel Aufheben als Lockvögel mitbringen könnte, bewirken gar nichts.
Ich habe die herbstlichen Tage vor vielen Jahren in Fritz' Revier noch so gut in Erinnerung, wenn wir beide uns rechts und links eines abgeernteten Kornfeldes in eine der damals noch vorhandenen Feldhecken einschoben, um auf die anstreichenden Tauben zu warten.
Fast noch sommerlich warm schien die Sonne. Die Hecken waren bevölkert von Goldammern, Finken und Drosseln, und auch der Neuntöter ließ sich häufig beobachten.

Damals gab es die Ringeltaube noch nicht in solchen Massen, aber wir sahen sie schon vereinzelt oder auch in kleineren Flügen streichen. Sie waren eigentlich immer noch die scheuen Vögel, als die wir sie aus unserer Schulzeit kannten.

In den letzten Schuljahren, die Fritz und ich in einem Landschulheim am oberbayerischen Ammersee verbrachten, waren wir beide schon angehende Vogelkundler und somit auch hinter den Eiern der heimischen Arten her.

Zu den Gelegen, die am schwierigsten zu finden waren, gehörten die der Ringeltaube.

Irgendwo im dichtesten Wald, hoch in den Bäumen hatten sie ihre Nester, und es dauerte zwei Jahre, bis wir dann endlich eines entdeckten.

Wir beide hockten da also im Schutz unserer Hecken, mehr oder weniger gut getarnt zwischen Schlehen und Pfaffenhütchen, und die Tauben ließen auf sich warten.

Mit der ersten, die einer von uns erlegte, waren wir dann besser daran. Wir setzten die tote Taube zwischen uns aufs Feld, befestigten ein kleines Gabelstöckchen unter ihrem Hals, damit der Kopf in einer einigermaßen natürlichen Stellung oben blieb. Damit saß eine Locktaube auf dem Feld. Natürlich hätten wir uns auch Plastiklocktauben beschaffen können, aber die mochten wir nicht, und außerdem ging das gegen unsere Jungjägerehre.

Nach drei, vier Stunden konnten wir mit fünf oder sechs und an guten Tagen vielleicht auch einigen mehr Tauben nach Hause gehen. Das war nicht viel, aber der Lohn dieser Tage lag auch eigentlich mehr im beschaulichen Ansitz, im Beobachten des herbstlichen Vogellebens um uns und im Genießen der wunderbaren bunten Blätter unserer Hecken. Um ein Vielfaches schöner könnte unsere Landschaft auch heute noch sein, hätte man die Hecken dort und anderswo nicht so radikal gerodet!

Und zum Lachen gab es auch oft genug einen Anlaß.

Wenn Fritz zum Beispiel in der Wärme eingenickt war, friedlich in seinem Versteck vor sich hindöste, und ich ihn mit ‚tiro' oder auch einfach nur ‚Tauben von hinten' auf die Beine bringen wollte. Dann fiel er schon einmal beim Versuch, schnellstmöglich hochzukommen hinten über in die Dornen und zappelte dann mit Armen und Beinen wie eine auf den Rücken gedrehte Schildkröte.

Oder ich paßte gespannt auf eine über das Feld anfliegende einzelne Taube, völlig konzentriert auf diesen einen Vogel. Prompt ging mein Schuß daneben, aber im gleichen Augenblick kam von rückwärts ein ganzer Schwarm daher, der dann, rechtzeitig gewarnt, in alle Richtungen unbeschadet auseinanderstob.

Die Erinnerung an diese Jagdtage kommt mir immer wieder, wenn ich an die riesigen Taubenschwärme denke, die in den letzten Jahren in vielen Gegenden zu sehen sind. Und beileibe nicht nur mehr draußen in Wald und Feld, und auch keineswegs mehr scheu.

Die Ringeltaube ist längst in unseren Großstädten heimisch. Nur können die meisten Menschen sie nicht von den verwilderten Haustauben unterscheiden.

Vor ein paar Jahren habe ich eine Schülerin ihre Examensarbeit über die in der Stadt Braunschweig brütenden Ringeltauben machen lassen. Sie kam kaum nach mit dem Notieren und Beobachten der Nester, und um ein Haar hätte ihr die zur Verfügung stehende Zeit nicht ausgereicht, alles zu erfassen.

Sie fand Ringeltaubennester mit Eiern oder Jungen nicht nur in den relativ hohen und dichten Bäumen breiterer Straßen und Alleen, sie fand sie auch mitten in der City im dichtesten Fahrzeug- und Fußgängerverkehr.

Wo kaum Grünes gedieh, wo mit einzelnen Pflanzkübeln und kleinen Bäumchen der Botanik im Zentrum der Stadt ein wenig Lebensraum eingeräumt worden war, auch da hockten die Ringeltauben in zwei Meter Höhe auf ihren Nestern. Man konnte ihnen vom Gehsteig aus mit der Hand die Eier unter dem Bauch herausziehen, wenn man gewollt hätte.

Ade, du scheuer Waldvogel!

Und erst recht in den Parkanlagen ist die Ringeltaube heute massenhaft vertreten.

Sie wackelt dort, dick und wohlgemästet auf den kurzgeschorenen Rasenflächen einher, hat Nahrung in Hülle und Fülle, Grünzeug, Eicheln, Bucheckern, und schert sich den Deibel um die Spaziergänger mit und ohne Hunden.

Ich gehe da fast jeden Tag durch diese Taubenschwemme und hege boshafte Gedanken.

Habe ich nicht in meiner Bubenzeit recht geschickt mit der Schleuder umgehen können?

Habe ich nicht nach dem Krieg in den hungrigen Jahren einmal einen Gockelhahn so prächtig mit einem Kieselstein am Kopf erwischt, daß er mausetot umfiel?

Habe ich nicht in der selben Zeit mit der Steinschleuder in einem großen Zoo die Wanderratten dezimiert, die sich dort breit machten?

Also ich könnte doch wieder einmal versuchen, mit der Flutsch Jagd auf diese Tauben zu machen. Sind mir doch die Taubenbrüstchen in so köstlicher Erinnerung. Kein Mensch würde mich beobachten, ganz früh am Morgen oder noch spät am Abend. Da waren sie alle noch in den Betten oder saßen vor dem Fernseher.

Die Tauben laufen ja nur zwei, drei Meter vor mir herum. Selbstverständlich bleibe ich standhaft, auch wenn keiner meiner Freunde mich mitnimmt zum ehrlichen Taubenjagen mit der Flinte.

Aber das Wasser läuft mir im Munde zusammen.

Davon komme ich aber noch lange nicht an Taubenbrüstchen. Dafür komme ich jetzt auf den Hund. Auf meinen Hund.

Mein Hund heißt Schani und stammt aus Wien.

Er ist eigentlich kein Jagdhund, worüber ich ganz froh bin, weil es ja nicht mehr viel zu jagen gibt. Aber da Schanis Vater ein Brackenrüde war, hat er das gewisse Etwas im Blut. Vor allem ist er ganz wild aufs Apportieren und er hat eine Nase, mit der er alles wittert, was nur einigermaßen nach irgendeinem Tier riecht.

Er steht sogar vor.

So hat er mir einmal einen Maulwurf angezeigt, der dabei war, sich einzugraben und von dem lediglich noch der Schwanz aus der Erde herausguckte.

Ich könnte reichlich Geschichten über meinen Hund Schani schreiben und irgendwann werde ich das auch noch tun, aber hier muß ich ihn jetzt deswegen zunächst einmal vorstellen, weil...

Ich will nicht vorgreifen.

Schani hatte schon als Welpe eine Vorliebe für Vögel beziehungsweise deren Duft. Wenn er sie nicht sah, witterte er sie, egal ob Amsel, Fasan oder sonst etwas.

Im Alter von sieben Monaten apportierte er mir seine erste Amsel. Ich hatte mitbekommen, daß er die Amsel, die im Laub nach Würmern suchte, entdeckte, erst mit der Nase, dann mit seinen Augen.

Dann spurtete er los, und die Amsel flog davon. Schani hinterher, bis beide meinen Blicken entschwanden.

Kurz darauf brachte er mir die tote Amsel, die sich wohl an einem Baum den Kopf eingeflogen haben mußte oder vor lauter Schreck einen Herzschlag bekommen hatte.
Er war mächtig stolz über diese Tat, setzte sich gesittet vor mich hin und ließ mich die Amsel abnehmen.
Wenige Tage später kam er mit seinem typischen ›ich hab was im Maul, von dem ich nicht weiß, ob ich's im Maul haben darf‹ Gesicht hinter mir hergeschlichen.
Das ist nämlich so eine liebenswerte Eigenschaft meines Hundes, daß er Knochen, alte Wurstpellen und ähnliche Pfui-Sachen nicht einfach heimlich hinter einem Busch runterschlingt, sondern sie ins Maul nimmt und mit diesem belämmerten Gesicht zu mir bringt. Beigebracht habe ich ihm das nicht, das ginge ja gar nicht. Das hat er selber erfunden. Er kam also hinter mir her, und ich blieb stehen, um festzustellen, was er da anbrachte.
Als er direkt vor mir stand, sah ich zwei kleine Vogelschwanzfedern aus seinem Maul herausragen. Ich sagte sitz und spuck's aus, und Schani spuckte mir eine junge aber bereits flügge Mehlschwalbe in die Hand.
Sie lebte und war völlig unbeschädigt.
Bei näherer Betrachtung stellte sich heraus, daß die beiden längsten Flügelfedern mit ihren Spitzen aneinanderklebten. Die kleine Schwalbe konnte dadurch die Flügel nicht ausbreiten und war nicht flugfähig.
Der ‚Klebstoff' bestand aus Vogelkot. Leicht nachzuvollziehen, wie das passieren konnte: Die Schwalbe war wohl in der Nacht auf einem Leitungsdraht gesessen und eine andere Schwalbe auf einem höher liegenden Draht über ihr. Diese hatte ein Kotbätzchen fallen lassen und die untere damit an den Flügelspitzen getroffen. Schon war sie festgenagelt und beim Versuch, auf und davon zu fliegen, auf den Boden gefallen.
Da hatte Schani sie entdeckt, vorsichtig ins Maul genommen und zu mir gebracht.
Ich brauchte nur die Federn zu lösen, und schon schwang sich die Schwalbe in die Luft.
Ja, so einer ist mein Hund.
Was hat das nun alles mit meinen Taubenbrüstchen zu schaffen? Gemach, sie kommen noch.

Schani und ich gehen jeden Tag zwei Mal in einem großen Park spazieren. In eben jenem Park, wo mir die fetten Ringeltauben dauernd vor den Füßen herumlaufen.

Im Herbst und Winter schwingen sie sich dann, sobald sie ihre Kröpfe gefüllt haben, am Abend in die höchsten und zu dieser Zeit bereits kahlen Bäume. Da sitzen sie, dicht an dicht, um sich nach etwa einer halben Stunde zwischen die oberen Äste einiger alten Kiefern zu verkriechen, wo sie die Nacht verbringen.

Die Parktauben bekommen auch noch Zuzug von außerhalb, so daß eine ganz ansehnliche Übernachtungsgesellschaft zusammenkommt. Nicht nur ich beobachte das.

Es gibt auch noch einen anderen Taubenliebhaber im Park. Den Habicht.

Wo so große Versammlungen an potentiellen Beutetieren zu finden sind, bleibt er nicht lange aus. Und mein Habicht hat so seine eigene Methode der Taubenjagd. Er streicht in der Dämmerung, wenn die Ringeltauben schon zwischen den Kieferästen sitzen aber noch nicht schlafen, dicht über die Wipfel, schwenkt einmal nach hier, dann nach dort, bis die graue Gesellschaft die Nerven verliert und unter lautem Poltern und Flügelklatschen den Schlafplatz verläßt.

Nach allen Himmelsrichtungen stoben die Tauben davon, panikartig und offenbar auch ohne eine bestimmte Strategie. Und genau das ermöglicht es dem Jäger Habicht, immer wieder eine der kopflos türmenden Tauben zu schlagen.

Ich habe ihn schon oft bei seinen Manövern beobachten können und habe die Reste erfolgreicher Jagden am anderen Morgen gefunden.

Schani hat seine Absichten, die am Boden sitzenden Tauben zu erwischen, nach zahlreichen mißlungenen Versuchen aufgegeben. Zwar jagt er sie schon noch einmal vor lauter Übermut und Lebensfreude auf und in die Luft, aber eigentliche Fangabsichten hat er dabei nicht. Das weiß ich deshalb, weil er ab und zu an einer aufliegenden Taube so dicht dran ist, daß er sie ohne weiteres erwischen könnte. Er dreht dann aber ab und läßt sie ungeschoren entkommen.

Schani und ich, wir gehen also fast täglich am frühen Morgen und späteren Abend durch unseren Park. Schani scheucht Kaninchen und Amseln, und für mich gibt es auch immer irgendetwas zu beobachten. Wir kennen die anderen Hunde und Hundebesitzer, die auch durch den Park streunen, manche mehr, manche weniger. Um die einen

machen wir einen Bogen, andere werden höflich begrüßt, mit Schwanzwedeln von Schani, mit Hutlüpfen von mir.
Um große, schwarze Hunde machen wir einen besonders großen Bogen. Als Schani ein halbes Jahr alt war, fiel ein großer schwarzer Rüde über ihn her und biß ihn ins Bein. Seither mag er keine großen, schwarzen Hunde und geht ihnen ruck zuck an den Kragen.
Wenn wir unterwegs auf leere Bierflaschen und weggeworfene Plastiktüten stoßen, hebe ich die auf und schmeiße sie in den nächsten Abfallkorb. Ich will mich damit gar nicht loben, ich weiß nur, daß die Bierflaschen von irgendeinem Idioten über kurz oder lang am nächsten harten Gegenstand zerdeppert werden, und dann schneidet sich mein Hund oder ein anderer die Pfoten auf.
Und die Plastiktüten stören ganz einfach in der Landschaft. Optisch stören sie mich. Bevor ich mich dauernd darüber ärgere, bringe ich sie lieber weg.
Was hat denn das alles nun wieder mit den Taubenbrüstchen zu schaffen?
Nochmals gemach und Geduld, es gehört alles dazu.
Es war an einem kalten, nebelig-trüben Januarabend, als Schani und ich wieder einmal unsere Runde machten. Fast alle anderen Hundebesitzer und sonstigen Freiluftfreunde hatten sich schon in die Häuser verzogen.
Schani, der naßkaltes Wetter genau so wenig mag, wie sein Herrchen, trottet eher unlustig neben und hinter mir drein. Die Kaninchen saßen allesamt im Bau bei dem Wetter und taten Schani nicht den Gefallen, unter einem Busch hervorzuflitzen und davonzurennen.
Die Amseln waren auch schon in die dichten Büsche eingefahren, zeterten dort noch eine Weile vor sich hin und machten sich damit anscheinend Mut für die lange Nacht. Wir bogen von einem der Hauptwege ab, um noch eine Runde durch eine wildverwachsene Senke zu machen. Dort, in der Höhlung einer alten Kastanie, hockte der Waldkauz wie stets.
Er war überhaupt noch nicht wach und hielt die Augen zusammengekniffen.
Drüben, am anderen Rand der Senke, führten steinerne, halb verwachsene Treppenstufen wieder hinauf, und wir steuerten auf sie zu.
Ich nahm in der schon fortgeschrittenen Dämmerung dort vor uns undeutlich eine Bewegung wahr. Wahrscheinlich doch ein Kaninchen,

das trotz des schlechten Wetters Hunger hatte und den Hang hinauf auf die Wiesen wollte.

Nur erhob sich dieses vermeintliche Kaninchen in die Luft und strich durch die Stämme der Bäume davon, als wir noch ein paar Schritte näher gekommen waren.

Es war nämlich kein Kaninchen, sondern der Habicht.

Und auf dem Platz, von dem wir ihn vertrieben hatten, flappte etwas mit müdem Flügelschlag.

Schani hatte das auch alles mitbekommen, und als ich nur sagte, na los, brings, sauste er hin und brachte mir eine wunderschöne, dicke, fette Ringeltaube. Der Habicht mußte sie vor wenigen Augenblicken geschlagen haben. Ihre rechte Brustseite hatte er bereits säuberlich gerupft, und dort konnte ich auch die Einstiche von drei Habichtskrallen sehen.

Als Schani mit der Taube bei mir ankam, war sie am verenden. Ich schaute rechts und links, kein Mensch weit und breit. Ich nahm ihm die Taube ab und stand dann da mit ihr und kam mir etwas blöde vor. So eine Ringeltaube ist ja nicht gerade klein, daß man sie etwa unter zwei Händen verbergen könnte. Und wenn mich nun einer der zahlreichen anderen Hundebesitzer mit der Taube in der Hand doch noch sah, mußten ihm alle möglichen komischen Gedanken kommen. Es würde ein schönes Gerede geben im Park, denn nichts, was im Park geschieht und bemerkt wird, bleibt lange geheim. Das tuschelt sich von Frauchen zu Frauchen, von Herrchen zu Herrchen, und am Ende weiß jeder Bescheid oder meint das wenigstens.

Die Taube liegen lassen, wollte ich auch nicht. Da waren mir nach so vielen Jahren nun endlich die ersehnten Brüstchen im wahrsten Sinne des Wortes vom Himmel in die Hände gefallen, und ich sollte sie den Spitzmäusen zum Fraß lassen? Niemals.

Normalerweise trug ich bei so einem Wetter meinen alten, verschlissenen und weitbauschigen Parka, unter dem ich die Taube hätte verschwinden lassen können. Heute war ich nur im Pullover und Jeans losgezogen. Keine weite Tasche, nichts, wo meine kostbare Beute hineingepaßt hätte.

Eine alte Plastiktüte mußte her!

Wir pirschten also vorsichtig los, ich immer auf Ausschau nach auftauchenden Hunden und deren Besitzern, um dann rechtzeitig einen seitlichen Schleichweg einschlagen zu können, und Schani mit seiner

Nase am baumelnden Taubenschwanz, für den er sich außerordentlich interessierte. Ich fand nirgends eine Plastiktüte. Ich hatte allzugründlich aufgeräumt in den Tagen zuvor.
Nichts fand ich, der ganze Park war sauber. Nicht einmal ein Fetzen von einer Tüte lag hinter den Büschen.
Es blieb mir nichts anderes über, ich mußte meine dicke Ringeltaube den ganzen Weg nach Hause freihändig tragen. Natürlich waren doch noch einige andere unterwegs.
Kam jemand uns entgegen, schlug ich meine Hände mit der Taube auf den Rücken. Kam uns einer hinterher, wechselte ich damit auf den Bauch.
So schafften wir es dann.
Zu Hause machte meine Frau große Augen.
„Schönen Gruß vom Habicht", sagte ich und erzählte ihr die Geschichte.
„Und was machst du jetzt mit dem Vieh", fragte meine Frau.
„Taubenbrüstchen essen!"
Damit setzte ich mich an den Küchentisch und rupfte die Federn, die der Habicht noch nicht gerupft hatte.
Wer schon einmal eine Ringeltaube gerupft hat, weiß, daß da eine Menge Federn daran sitzen, und weiß auch, daß diese fürwitzigen kleinen Federchen beim geringsten Atemzug auf und davonfliegen.
So sah die Küche bald aus wie Frau Holles Vorgarten, und meine Frau verließ murrend das Gemach.
Die gebratenen Taubenbrüstchen waren dann ein Gedicht. Und Schani, mein Hund, verspeiste das übrige mit Genuß.

Schlußpunkt

Da hatte ich gedacht, meine Arbeit wäre getan! Das Manuskript zu diesem Buch war längst beim Verlag abgeliefert, die ersten Korrekturfahnen sogar auch schon durchgesehen und von meinem Schreibtisch. Und dann ruft mich mein Lektor an und sagt: Wir haben da noch ein paar Seiten frei, können Sie nicht noch eine Geschichte schreiben?
Als ob sich Geschichten eben so aus dem Ärmel schütteln ließen! Ich schüttelte und schüttelte, es kam nichts. Ich dachte zuviel in die Vergangenheit hinein. Als ich endlich die Vergangenheit verließ und zur Gegenwart kam, machte es ‚plumps'.
Ich war doch gerade mit meiner Frau in Fuerteventura gewesen, einer der östlichen Kanarischen Inseln. Wir hatten dort Vögel und andere Tiere gejagt. Nicht mit einem Gewehr, mit Augen, Ohren und Fotoapparaten.
Und weil meine Geschichten von draußen in diesem Buch ja auch nicht alle echte Jagdgeschichten sind, bei denen es immerzu knallt, will ich die letzten Seiten den Erlebnissen dieser drei Wochen auf der Insel widmen.
Die Jagd mit der Kamera, vielleicht ist sie aufregender als mit jeder Waffe. Und letztenendes auch beruhigender für's Gewissen und das Gemüt. Für meines auf jeden Fall.
Man muß viel näher an die Tiere heran, die Vögel dort waren keine Riesenstrauße. Es sitzt und klappt beileibe nicht jeder Schuß. Und wenn es klik gemacht hat, läuft oder fliegt mein Vogel davon, und kann sich weiterhin seines Lebens erfreuen. Vielleicht sehe ich ihn anderntags sogar wieder.
Fuerteventura ist Wüste total. Von Sanddünen angefangen über endlose Schotterhalden und Kiesflächen bis hin zu Lavabrockenfeldern, durch die man kaum zu Fuß, geschweigedenn mit dem Allradjeep durchkommt. Und die Pflanzen, wo überhaupt welche wachsen, sind selten höher als 50 Zentimeter. Neu für mich war vieles aus der Vogel-

welt. Ich hatte sie nie vorher in der freien Natur gesehen, die Kragentrappen etwa oder die eleganten, sandfarbenen Rennvögel, die Sandflughühner mit ihrem kohlschwarzen Bauch und die kleinen, rötlichbraunen Wüstengimpel.

Man muß sie nur erst einmal sehen! Wer in der Wüste überleben will, wer nicht die Beute von Kolkraben, Turmfalken oder Raubwürgern werden möchte, der kann sich einzig und alleine auf seine Tarnung verlassen. Ich bin ein absoluter Fan der Tarnung, und mich haben die Tricks, die von der Natur dafür erfunden worden sind, schon immer fasziniert. Es gibt tausende davon, viele habe ich schon gesehen, aber die Vögel dieser Insel machten dann das Tüpfelchen auf dem I. Sie hielten mich einige Male glattweg zum Narren, obwohl meine Augen noch gut sind und man mir nicht so leicht einen Vogel für einen Stein vormachen kann. Die Sandflughühner taten es trotzdem. Sie flogen nicht etwa auf oder liefen davon, wenn wir, ohne zu wissen, daß sie da saßen, mit dem Wagen durch die Schotterhalden fuhren. Sie blieben sitzen bis zum letzten Augenblick mit ihren runden, steinförmigen Rücken und der Färbung darauf, die den Farben der Flechten auf den Steinen glich. Steine unter Steinen. Ein paar Meter vor dem Wagen erst flogen sie auf, und nur einmal gelang es uns, sie vorher zu entdecken – weil wir standen, und die Flughühner sich bewegten.

Die Kragentrappen, immerhin so groß wie eine fette Ente und dazu hochbeiniger und mit einem langen Hals ausgestattet, machten es uns nicht leichter. Die Hennen führten schon flügge Junge, die allerdings bei dem starken Wind, der den ganzen Tag über weht, nicht lange in der Luft bleiben konnten und nach sechzig, hundert Metern wieder zu Boden gingen. Hinter einem dieser Jungen spurtete ich her und fing es, damit wir es von allen Seiten fotografieren konnten. Dann ließ ich es laufen, und es stakste hoch aufgerichtet davon. Es mochte fünfzig Meter weiter weg sein, als mir einfiel, daß ich es ja auch einmal fotografieren könnte, wenn es lief oder stand. Bei den anderen Aufnahmen hatte es sich immer auf seinen Bauch niedergetan. Also lief ich noch einmal hinterher, sah, daß es sich drückte, merkte mir aber die Stelle. Das Junge war immerhin auch schon gut entengroß und voll befiedert, trug also nicht mehr das meist noch besser tarnende Dunenkleid der Küken.

Als ich an der Stelle ankam, wo es sich gedrückt haben mußte, sah ich gar nichts außer Schotter, Kies und ein paar kleine Pflanzenbüschel.

Die Fläche war praktisch ohne größere Deckung, unter die sich der Vogel hätte verkriechen können.
Meine Frau war langsam mit dem Wagen herangefahren. Ich sagte: „Es ist weg!" Sie sagte: „Es kann nicht weg sein, ich habe gesehen, wie es sich gedrückt hat, und es ist auch nicht wieder aufgestanden!"
Ich glaubte ihr, ich sah die Trappe aber deswegen nicht besser. Ich machte einen vorsichtigen Schritt zur Seite, und etwas Gelbliches glitzerte für eine Sekunde am Rande eines der Büschel. Da lag sie, direkt vor mir, zwei Meter Luftlinie von meinen Augen zu ihrem Auge, das sie verriet, obwohl sie ihren Kopf unter den Rand des Pflanzenbüschels gesteckt hatte. Sie lag da ganz flach, bei der hochstehenden Sonne vermied sie damit jegliche Schattenbildung. Der Schlagschatten verrät einen Körper leicht. Und die Musterung und Färbung des Federkleides ging nahtlos in die Musterung und Färbung der umgebenden Schotterfläche über. Es war einfach fantastisch. Für die Trappe. Mich hatte sie zum blutigen Anfänger im Finden gut getarnter Vögel gemacht und gute zwei Minuten erfolglos neben sich stehen lassen.
Die alten Trappen verstehen es übrigens auch ganz ausgezeichnet, sich geduckt und langsam davonzuschleichen, wobei sie jede kleinste und noch so flache Deckung ausnützen.
Und dann gab es eben die Rennvögel aus der Verwandtschaft der Triele und Brachschwalben, zu den Watvögeln im weitesten Sinne gehören sie, aber sie kommen nicht dort vor, wo Sumpf und feuchte Wiesen die Landschaft prägen, sondern in Wüsten.
Ihre Färbung gleicht dem hellen, gelblich-weißen Wüstensand, ein eleganter schwarz-weißer Augenstreif zieht sich bis zum Hinterkopf beiderseits des Scheitels. Und elegant laufen sie auch durch das Gelände, geduckt mit waagrechtem Körper bei der Bewegung, um dann, aufmerksam sichernd, hoch aufgerichtet zu stehen auf ihren langen Beinen, wie ein Wachsoldat vor seinem Schilderhäuschen.
Die Küken sind Nestflüchter, wie die Küken aller Watvögel, und machen sich in ihrem gleichfalls sandfarbigen Dunenkleid absolut unsichtbar. Auf den endlosen Flächen dort wechseln sich dunkler Untergrund aus Lavaschutt und heller Untergrund aus dem Schutt anderen Gesteins flächenhaft ab. Die Rennvögel fanden wir nur auf den hellen Flächen, die ihrer Färbung entsprachen. Ein Paar hatte frischgeschlüpfte Junge und huderte sie nur zwanzig Meter vom Auto

entfernt. Diese Winzlinge konnten nun noch nicht recht vorwärtskommen am ersten Tag ihres Lebens. Zwei Tage darauf fanden wir die Familie wieder, und nun liefen die Küken bereits mit den Alten im gleichen Tempo von uns fort, daß man zu Fuß kaum folgen konnte. Rennvögel, aber wirklich!

Übrigens war auch Schani mit, mein Hund. Der mir zu den Taubenbrüstchen einstmals verholfen hat. Er saß immer auf dem Rücksitz und bekam alles mit, was draußen los war, ganz besonders die Ziegen, denen wir überall im Gelände begegneten. Er roch sie auch über Berg und Täler hinweg, was kein Wunder war bei dem Duft, den die Böcke von sich gaben. Und zweimal verschwand er von uns unbemerkt in der Weite, um nach zehn Minuten zurückzukommen, das schlechte Gewissen in den Ohren und im Schwanz und mit seiner Zunge aus dem Maul bis zum Boden. Wir paßten dann besser auf, denn die Ziegen, die Milch und Fleisch liefern, sind den Leuten dort heilig, und sie würden wohl nicht lange fackeln und so einem dahergelaufenen Fremdenhund eines draufbrennen mit der Schrotflinte. Später entdeckte er dann die Eidechsen, von denen es unzählige gibt, und die aus der Sonne unter die stacheligen Büsche flüchten, sobald sich in der Nähe etwas Größeres bemerkbar macht. Dort sitzen sie dann sicher, jedenfalls vor einem Hund, der mit seiner empfindlichen Schnauze nicht in die Stacheln mag und deshalb ein dummes Gesicht macht und vergeblich mit der Pfote am Buschrand herumtatzt.

Die Raubwürger und Turmfalken und auch die Wiedehopfe holen sich allerdings ihren Anteil an Eidechsen oder wenigstens Eidechsenschwänzen. Ich sah einem Raubwürgerpaar beim Füttern seiner Jungen zu, und während der zehn Fütterungen, die ich mitbekam, trugen die Alten fünfmal einen Schwanz und zweimal eine ganze Eidechse zum Nest. Dreimal war es ein größeres Insekt. Aber Insekten sind Mangelware offenbar, wir konnten außer wenigen und ebenfalls gut getarnten Schnarrheuschrecken und einigen Fliegen jedenfalls nichts finden, was der Rede wert gewesen wäre oder einem Vogel das Fangen. Dafür lebten anscheinend die schwarz-weißen Schmutzgeier, die über den Hügeln am Himmel ihre Kreise zogen, im Überfluß. Bestimmt fielen von den tausenden von Ziegen auf der ganzen Insel einige jeden Tag tot um oder wurden überfahren. Einer solchen, am Straßenrand liegenden und noch jungen Ziege bemächtigten wir uns. Sie stank schon etwas, aber nachdem wir sie in einem großen Plastiksack verstaut hatten, ließ es sich bei offenen Wagenfenstern und flotter Fahrt gerade noch ertragen.

Ich legte sie an einer Stelle aus, wo sich ganz in der Nähe eine Ruine als Versteck beim Fotografieren anbot und hoffte auf regen Anflug in den kommenden Tagen. Es flogen aber nur dicke Schmeißfliegen herbei, und einmal schielte ein Kolkrabe von einem nahestehenden Leitungsmast auf den geblähten Ziegenleib herunter. Die Geier liebten es offenbar etwas frischer und ließen sich nicht blicken.

Die Reste ihrer Mahlzeiten fanden sich durchaus, gebleichte Gebeine und blitzsaubere Ziegenschädel, von denen Maden und Ameisen, Wind und Wetter auch die letzten fleischigen Reste entfernt hatten.

Zwei Tage vor unserem Rückflug packte ich einen solchen Schädel mit schön geschwungenen Hörnern ins Auto.

Der Schädel paßte gerade in den Koffer, und meine Frau verstaute ihn ordentlich in alten Taschentüchern und Socken, damit nichts abbrechen konnte. Die Zollbeamten am Hamburger Flughafen waren nachts um halb zwölf schon in den Betten bei unserer Ankunft und konnten nichts beanstanden. Der Schädel wäre auch nicht unter das Washingtoner Artenschutzabkommen gefallen, aber man weiß da nie so genau, wie tierisch ernst es einer nimmt.

Meine Frau ging dann am anderen Tag ans Leeren des Gepäcks, und plötzlich ließ mich ein kleiner Angstschrei ins Zimmer sausen.

Ihr Zeigefinger deutete ins Kofferinnere neben den Schädel. Ein bißchen blaß um die Nase war sie auch. Da lag eine kleine, bildhübsche Eidechse auf meinem Socken, etwas unterkühlt, aber sonst heil und munter. Sie hatte sich wohl in der Hirnhöhle versteckt. „Die lebt ja noch", meinte ich, und da bekam sie wieder Farbe, meine Frau. Sie hatte sie nämlich für tot gehalten und war deshalb ganz einfach bestürzt gewesen.

Nun sitzt sie in einem kleinen Terrarium mit Wüsteneinrichtung, die Eidechse, unser blinder Passagier. Nur fehlt ihr sicher die Sonne, die dort kaum je hinter Wolken ist, und ich muß das mit einer Wärmelampe ausgleichen. Wir konnten sie ja nicht per Luftpost zurückschikken auf ihre Insel. Und die hiesigen Grillen scheinen ihr wenigstens ebenso zu schmecken, wie die Wüstenheuschrecken. So setzte dieses kleine Reptil noch einen überraschenden Schlußpunkt hinter unsere Reise, auf der kein Schuß fiel, die aber ausgefüllt war mit Spannung und Erlebnissen bis zum letzten Augenblick.

BLV Jagdunterhaltung

PIRSCH Jagderzählungen
Querschnitt durch die erzählende Jagdliteratur; Schilderungen und Jagdgeschichten von bekannten Autoren aus Deutschland und aller Welt.
2. Auflage, 310 Seiten, 4 Zeichnungen

Erwin Felsmann
Ein Bocksommer
Erlebnisse und Begebenheiten rund um eine ereignisreiche Rehbockjagd zur Blattzeit — eine Anthologie mit unterhaltsamen, aber auch nachdenklichen Erzählungen über den Jäger und seine heimlichen Gedanken.
181 Seiten, 13 Zeichnungen

Rolf Heinzl
Jagen in gastlichen Revieren
Die spannendsten Erlebnisse eines Jägers, der seit dreißig Jahren als Jagdgast auf die Pirsch geht; mit Fotos von Kunstwerken bekannter Jagdmaler wie Buddenberg, Feussner, Laube und Poortvliet.
139 Seiten, 15 Fotos

Gerda Kiendl
Blattschüsse einer Jägersfrau
Eine Jägersfrau nimmt mit viel Witz und scharfer Beobachtung die Jagd aufs Korn.
2. Auflage, 141 Seiten, 10 Zeichnungen

Bernd Krewer
Mit Büchse und Schweißriemen
Erzählungen und Erlebnisberichte von Nachsuchen und Schweißhunden, Hirschen und Jägern mit nützlichen Hinweisen für die Jagdpraxis.
144 Seiten, 1 Foto

Heinrich Sindel
Von Rehen, Mardern und Rebhühnern
Erlebnisse und Gedanken eines Jägers über die Erhaltung der natürlichen Lebensräume vieler Wildarten und die Zukunft des Natur- und Vogelschutzes.
181 Seiten, 11 Zeichnungen

In unserem Verlagsprogramm finden Sie Bücher zu folgenden Sachgebieten:
Garten und Zimmerpflanzen · Natur · Angeln, Jagd, Waffen · Pferde und Reiten · Sport und Fitness · Reise und Abenteuer · Wandern und Alpinismus · Auto und Motorrad · Essen und Trinken · Gesundheit.
Wünschen Sie Informationen, so schreiben Sie bitte an:
BLV Verlagsgesellschaft mbH
Postfach 40 03 20, 8000 München 40